Prof. Dr. Volker Thieler

Das große Beschwerdebuch

Prof. Dr.
Volker Thieler

Das große Beschwerde-buch

200 juristisch geprüfte Musterbriefe für Rechtsstreitigkeiten aller Art

MOEWIG

Die alphabetische Auflistung der einzelnen Beschwerdebriefe finden Sie im Register ab Seite 233.

Printed in Germany
ISBN 3-8118-1379-X

Vorwort

Zu Tausenden beschweren sich tagtäglich Menschen in Deutschland über rechtswidrige oder unverschämte Verhaltensweisen von Personen, Behörden oder Dienstleistungsbetrieben.
Die Beschwerde ist mit Ausnahme weniger Fälle in keinem besonderen Gesetz geregelt. Man kann die Beschwerde nur so definieren, daß sie immer einen Hinweis auf eine eingetretene Rechtsverletzung enthält. Die Beschwerde ist oftmals die Vorstufe für die endgültige rechtsgestaltende Erklärung. Aber bevor man sich dazu entschließt, sich über einen Vorgang oder eine Rechtsverletzung zu beschweren, sollte man grundsätzlich versuchen, die Sache gütlich zu regeln. So kann oftmals ein einfaches Gespräch mit Nachbarn, Mietern oder Arbeitgebern die eine oder andere Situation entzerren und für die Wiederherstellung eines angenehmen Klimas für beide Seiten sorgen. Allerdings gibt es auch Fälle, in denen ein Fehlverhalten an den Tag gelegt wird, über das man sich umgehend beschweren sollte, da ein zu langes Zögern mit Rechtsnachteilen verbunden sein könnte. Ein Beispiel aus dem Mietrecht: Bei Vorliegen von Mängeln könnten Sie Ihr Mietminderungsrecht verlieren, wenn Sie sich nicht rechtzeitig, das heißt: nicht unverzüglich nach Feststellung der Mängel, bei Ihrem Vermieter beschweren und die Mängel anzeigen.
Die Beschwerde ist zwar mit Ausnahme weniger Fälle an keine Form und keine Frist gebunden, aber für einen kommenden Rechtsstreit ist es oftmals von großer Bedeutung, daß Sie nachweisen können, daß Sie sich gewehrt und Ihre Rechte geltend gemacht haben.
Aus diesem Grunde ist es empfehlenswert, die Beschwerde schriftlich abzufassen. Die Beschwerde muß auch der anderen Partei zugehen. Da Sie für den Zugang der Beschwerde beweispflichtig sind, empfiehlt es sich, eine entsprechend sichere Form der Zustellung zu wählen. Die Zusendung einer Beschwerde mit einfachem Brief kann nicht angeraten werden, da die Gefahr besteht, daß der Empfänger später behauptet, er habe diesen Brief nicht bekommen. Da die Rechtsprechnung verlangt, daß eine Beschwerde im gewöhnlichen Empfangsbereich des Beschwerdeempfängers zugehen muß und Sie für diesen Zugang beweispflichtig sind, sollte zumindest eine Zustellung durch Einschreiben oder Einschreiben mit Rückschein erfolgen.
Wenn Sie ganz sicher gehen wollen, so sollten Sie die sicherste Form der Zustellung wählen: die Botenzustellung oder die Zustellung über den Gerichtsvollzieher/Gerichtssekretär. Die Zustellung erfolgt dadurch, daß ein Bote das Schreiben, das er zweckmäßigerweise auch noch lesen sollte, in den gewöhnlichen Empfangsbereich des Beschwerdeempfängers bringt. Es genügt hier, wenn der Bote das Beschwerdeschreiben in den Briefkasten einwirft, der für den Beschwerdeempfänger vorgesehen ist. Der Bote sollte das Schreiben, das sich im Kuvert befindet, vorher durch-

lesen, damit der Beschwerdeempfänger im Nachhinein nicht behaupten kann, er habe nur ein leeres Kuvert erhalten. Aus der täglichen Gerichtspraxis ist bekannt, daß die Geltendmachung von Rechten immer wieder daran scheitert, daß der Zustellungsnachweis nicht erbracht werden kann.
Bei einer Zustellung kommt es nicht darauf an, ob der Beschwerdeempfänger zum fraglichen Zeitpunkt anwesend ist oder ob er gerade Urlaub macht oder sich im Krankenhaus befindet. Nur in ganz wenigen Fällen gibt es eine besondere Frist für die Beschwerde. Zu denken ist z.B. an das Reisevertragsrecht. Nach den gesetzlichen Bestimmungen für das Reisevertragsrecht muß der Reisende sich noch am Urlaubsort über die Mängel der Reise beschweren, sonst verliert er jegliche Ansprüche. Er muß innerhalb einer Frist von einem Monat nach Ende der Reise sämtliche Ansprüche im Rahmen der Beschwerde geltend machen, sonst verliert er ebenfalls seine Ansprüche.
Das vorliegende Buch will nicht verstanden sein als Anleitung für Nörgler und Querulanten. Viemehr soll es demjenigen als Leitfaden dienen, der sich gegen eine Rechtsverletzung oder gegen Fehlverhalten anderer richtig zur Wehr setzen will. Vielen Beschwerdemustern dieses Buches liegen wahre Begebenheiten zugrunde, die der Verfasser mit seiner bereits über zwei Jahrzehnte andauernden anwaltlichen Tätigkeit selbst erfahren hat. Während der Dauer seines Berufslebens hat der Verfasser auch erleben können, daß durch die Beschwerde einzelner oder durch eine kollektive Beschwerde vieler Betroffener die Beschwerdeempfänger sich die Sache zu Herzen genommen und für Abhilfe gesorgt haben. Sind durch eine Rechtsverletzung oder durch Fehlverhalten mehrere betroffen, so ist es sinnvoll, daß sich alle Betroffenen einer Beschwerde anschließen und gemeinsam gegen den Verursacher vorgehen. Denn wie oft schon konnte man lesen, daß beispielsweise eine Behörde dem Druck einer ganzen Schar von Beschwerdeführern nicht standhielt und schließlich nachgegeben hat.
In der Regel fehlt dem Schreiber eines Beschwerdebriefes der juristische Hintergrund, um die Berechtigung seiner Beschwerde einzuordnen und auch den Beschwerdetext zielsicher zu formulieren. Aus diesem Grunde sind den meisten Beschwerdebriefen dieses Buches allgemeine juristische Überlegungen vorangestellt, damit der größere Zusammenhang sichtbar wird, in dem eine Beschwerde steht.

Der Verfasser

Abfallentsorgung

Die Entsorgung des Hausmülls wird oft nur unzureichend durchgeführt. So werden Mülltonnen oft schlampig entleert, und Reste des Mülls liegen oftmals in großen Mengen verstreut auf der Straße herum. Sie brauchen sich derartige Schlampereien nicht gefallen zu lassen. Sie sollten sich daher unbedingt an die zuständige Gemeinde/Stadtverwaltung wenden. Eine Beschwerde könnte folgendermaßen lauten:

An das Gemeindeamt
Abteilung: Hausmüllentsorgung

Betrifft: Ständige Straßenverunreinigung durch Hausmüllentsorgung

Sehr geehrte Damen und Herren,

seit Wochen stelle ich fest, daß jeden Mittwoch die Müllentsorgung in unserer Straße mehr als unzureichend durchgeführt wird. So vergißt der in unserer Straße tätige Müllentsorgungstrupp ständig, Abfallgut wegzuräumen, das bei der Entleerung der Tonnen auf die Straße fällt. Obwohl ich die Müllmänner bereits darauf hingewiesen habe, daß die Abfallentsorgung in dieser Form nicht akzeptiert werden kann, hat sich der Zustand nicht gebessert. Ich darf Sie nunmehr höflichst darum bitten, dafür zu sorgen, daß eine ordnungsgemäße Entsorgung des Hausmülls in unserer Straße durchgeführt wird.

Mit freundlichen Grüßen

Adressenwerbung

Es gibt einige unseriöse Adreßbuchverlage. Sie senden Privatpersonen oder Firmen Rechnungen zu, die in Wirklichkeit Auftragsschreiben sind, um einen Anzeigenauftrag in einem Adreßbuch zu legitimieren. Derartige Werbung ist unseriös und wettbewerbswidrig. Sie können sich bezüglich einer solchen Werbung u. a. auch an den Adreßbuchausschuß der deutschen Wirtschaft wenden. Ein Schreiben würde folgendermaßen aussehen:

An den Adreßbuchausschuß der deutschen Wirtschaft
Adenauerallee 148
53113 Bonn

Werbung des ... -Verlags für das „Amtliche Adreßverzeichnis der Gartenbesitzer in Deutschland"

Sehr geehrte Damen und Herren,

als Anlage sende ich Ihnen eine Rechnung zu, die ich vor einigen Tagen erhalten habe. Ich habe bei diesem Verlag weder etwas bestellt, noch bin ich mit einer Eintragung in diesem Adreßbuch einverstanden. Wenn man die Rechnung genau durchliest, ist der Vermerk enthalten, daß ich hiermit mit dem Anzeigenauftrag einverstanden bin und auch das Buch bestelle. Ich halte eine derartige Werbung für unseriös und wettbewerbswidrig und bitte, hiergegen einzuschreiten.

Mit freundlichen Grüßen

Altenheim/schlechte Pflege

Für viele Menschen ist es schon schlimm genug, wenn sie im Alter gezwungen sind, in ein Alten- oder Pflegeheim gehen zu müssen. Auf Grund der hohen Belastung, die in Altenheimen und Pflegeeinrichtungen für das Personal besteht, kommt es leider oftmals zu Fehlverhalten auf seiten des Pflegepersonals. Auf die Wünsche und Bedürfnisse der älteren und pflegebedürftigen Menschen wird daher viel zu selten in ausreichendem Maße eingegangen.
Sollten Sie selbst betroffen sein oder sollten Sie als Angehöriger eines pflegebedürftigen Menschen feststellen, daß die Pflege ungenügend ist, so sollten Sie sich gegen derartiges Verhalten sofort zur Wehr setzen und sich massiv beschweren. Denn leider wird mit Menschen, die sich nicht richtig wehren können, und hierzu zählen auch ältere und pflegebedürftige Menschen, viel zu rigoros umgegangen.
Eine Beschwerde könnte wie folgt formuliert werden:

An die Heimleitung des Altenheims

Betrifft: Beschwerde über mangelnde Pflege und Beschwerde über die Pflegekraft

Sehr geehrte Damen und Herren,

vergangenen Sonntag habe ich meinen 87jährigen Vater besucht, der sich in Ihrer Einrichtung in der Pflegeabteilung befindet. Bei diesem Besuch mußte ich feststellen, daß das Zimmer, in dem mein Vater liegt, der, wie Ihnen bekannt ist, nicht mehr selbst aufstehen kann, völlig untertemperiert war. Im Zimmer konnten gerade einmal 9°C gemessen werden. Die Außentemperaturen sind seit Tagen unter 0°C. Wie mein Vater mitteilte, wurde das Fenster von der Pflegerin, Frau X, gegen 7.00 Uhr morgens geöffnet. Als ich am frühen Nachmittag meinen Vater besuchte, war das Fenster immer noch geöffnet.
Da der Gesundheitszustand meines Vaters sehr angeschlagen ist, kann der längere Aufenthalt in untertemperierten Räumen absolut lebensbedrohliche Ausmaße annehmen. Das nachlässige Verhalten der Pflegerin und die mangelnde Aufsicht kann von mir keinesfalls akzeptiert werden. Über das Verhalten der Pflegerin X möchte ich mich ausdrücklich beschweren. Ich darf Sie bitten, die Pflegerin X entsprechend abzumahnen und darauf hinzuwirken, daß zukünftig Vorkommnisse dieser Art ausgeschlossen sind.

Mit freundlichen Grüßen

Ampelschaltung/Behinderung

Bei manchen Fahrstrecken innerhalb eines Stadt- oder Gemeindegebietes ist die Verkehrsführung oft derartig schlecht, daß man nur von einer roten Ampel zur nächsten fährt. Dies kann im täglichen Berufsverkehr oder auch wenn man es eilig hat nervenaufreibend sein. Obwohl viele Gemeinden bereits seit Anfang der 70er Jahre die „Grüne Welle" eingeführt haben, gibt es immer noch Städte und Gemeinden, die das Auto als Verkehrshindernis ansehen und am liebsten ganz abgeschafft sehen würden. Diese Städte und Gemeinden bestehen manchmal auch bewußt auf einer schlechten Ampelführung, damit die Autofahrer die Lust an der Nutzung des Autos verlieren. Sollten Sie in Ihrer Stadt oder Gemeinde eine schlechte und hinderliche Ampelschaltung feststellen, so können Sie sich hiergegen beschweren. Eine Beschwerde müßte an das zuständige Straßenverkehrsamt der Gemeinde gerichtet werden. Eine Beschwerde könnte wie folgt formuliert werden:

An die Stadtverwaltung ...
Abteilung Straßenverkehr

Betrifft: Schlechte Ampelführung in der X-Straße

Sehr geehrte Damen und Herren,

als Mitarbeiter einer Firma im Norden des Stadtgebietes befahre ich fast täglich die X-Straße. Da es sich bei dieser Straße um eine große Ausfallstraße handelt, ist mir nicht klar, warum hier die Ampelschaltung derartig mangelhaft ist. So staut sich der Verkehr vor allen 7 Ampeln auf dem Weg zu meiner Arbeitsstelle an der X-Straße. Der Stau an den Ampeln rührt daher, daß die Ampeln so ungünstig geschaltet sind, daß Sie, wenn Sie bei einer Ampel, die auf Grün geschaltet hat, losfahren, bei der nächsten Ampel wieder halten müssen, da diese dann Rot zeigt. Darüber möchte ich mich bei Ihrem Amt beschweren. Diese Verkehrsführung ist nicht nur nervenaufreibend, sondern auch gefährlich, da viele Verkehrsteilnehmer mit überhöhter Geschwindigkeit auf die nächste Ampel zufahren, um möglichst noch über die Kreuzung zu gelangen.
Die schlechte Ampelschaltung, die ich seit etwa 6 Monaten feststelle, überrascht mich etwas, da früher überhaupt keine Probleme auftraten und sogar eine regelrechte „Grüne Welle" gegeben war.
Ich bitte Sie, dafür zu sorgen, daß die derzeitige Ampelschaltung überprüft und korrigiert wird.

Mit freundlichen Grüßen

Apotheke

Falls Sie das Gefühl haben, daß Sie von einem Apotheker falsch beraten worden sind oder daß sich der Apotheker Ihnen gegenüber in irgendeiner Weise fehlverhalten hat, so können Sie sich wie bei anderen Berufsgruppen (Arzt, Architekt, Rechtsanwalt usw.) bei der Apothekerkammer beschweren. Diese Beschwerde kommt insbesondere dann in Betracht, wenn es um das persönliche Verhalten des Apothekers oder um die fehlerhafte fachliche Beratung geht. Eine Beschwerde könnte wie folgt formuliert werden:

An die Landes-Apothekerkammer (z. B. des Saarlandes)
Zähringer Str. 5
66119 Saarbrücken

Betrifft: Beschwerde gegen Herrn Apotheker ... in ...

Sehr geehrte Damen und Herren,

hiermit möchte ich mich über das Verhalten von Herrn Apotheker ... beschweren. Am 15.3.1997 hatte die ... -Apotheke des Herrn Apotheker ... Dienst als Nachtapotheke.
Gegen 22.00 Uhr wollte ich mir aufgrund eines Rezeptes, das mir mein Zahnarzt ausgeschrieben hatte, ein Zahnschmerzmittel besorgen. Als ich an der Apotheke ankam, klingelte ich vergeblich, niemand öffnete. Als ich gegen 0.00 Uhr nochmals zur Apotheke fuhr, sah ich, wie Herr Apotheker ... gerade mit seinem Wagen in die Garage fuhr. Als ich ihn darauf ansprach, daß er doch heute Nachtdienst hatte, sagte er, daß dies zwar richtig sei, aber er erst einmal mit Bekannten beim Essen war, da er davon ausgegangen sei, daß heute nichts los sein würde. Als ich mein Schmerzmittel verlangte, sagte Herr Apotheker ..., er würde heute nichts mehr herausgeben, da er schon etwas getrunken hätte und aus haftungsrechtlichen Gründen keine Medikamente mehr ausgeben würde. Er bat mich diesbezüglich um Verständnis und ging schließlich in sein Haus.
Das Schmerzmittel habe ich mir schließlich bei einer anderen Apotheke holen müssen, die eine halbe Autostunde entfernt liegt.
Das Verhalten des Apothekers ist skandalös. Ich bitte Sie, diesbezüglich Ermittlungen anzustellen und mit Entschiedenheit gegen Herrn Apotheker ... vorzugehen.

Mit freundlichen Grüßen

Arbeitsrecht/Abmahnung

Häufig kommt es vor, daß der Arbeitgeber glaubt, sein Arbeitnehmer habe sich vertragswidrig verhalten. Der Arbeitgeber wird Sie dann als Arbeitnehmer in der Regel abmahnen. Insbesondere dann, wenn der Arbeitgeber glaubt, daß Sie gegen Ihre vertraglichen Pflichten verstoßen haben, wird er eine Abmahnung aussprechen, um aufgrund dieser Abmahnung später eine fristlose Kündigung aussprechen zu können.
Wenn Sie Adressat dieser Abmahnung sind und der Ihnen zur Last gelegte Vertragsverstoß nicht zutrifft, sollten Sie sich unbedingt gegen diese Abmahnung wehren. Andernfalls besteht die Gefahr, daß der Sachverhalt, auf dem die Abmahnung beruht, später als richtig unterstellt wird und unter Umständen damit später eine Kündigung begründet werden kann. Weiter sollten Sie der Abmahnung deshalb widersprechen und eine Gegendarstellung schreiben, damit die Abmahnung nicht unwidersprochen in Ihre Personalakte gelangt.
Eine Beschwerde gegen die Abmahnung des Arbeitgebers würde folgendermaßen aussehen:

An den Arbeitgeber ...
überreicht durch Boten

Betrifft: Abmahnung vom 10.05.1997

Sehr geehrter Herr ..., Sehr geehrte Frau ...,

am ... habe ich von Ihnen eine Abmahnung des Arbeitsverhältnisses erhalten. Die Abmahnung haben Sie damit begründet, daß ich den Abteilungsleiter X beleidigt hätte. Dies ist jedoch unzutreffend. Tatsache war, daß mich der Abteilungsleiter Herr X einen „faulen Kerl“ genannt hat. Ich habe daraufhin lediglich gesagt, daß ich mich über ihn beim Betriebsrat beschweren werde. Die vom Abteilungsleiter angegebene Beleidigung habe ich niemals geäußert. Als Zeugen benenne ich für den Vorfall meine Kollegen Herrn Y und Herrn Z. Ich fordere Sie auf, mir binnen einer Frist von einer Woche zu bestätigen, daß die Abmahnung als gegenstandslos betrachtet wird.

Mit freundlichen Grüßen

Arbeitsrecht/Arbeitnehmer

Arbeitnehmer können sich über vertragswidriges Verhalten seitens des Arbeitgebers beschweren. Gerade für die Führung eines Arbeitsgerichtsprozesses ist es von großer Bedeutung nachzuweisen, daß der Arbeitnehmer sich diesbezüglich beschwert hat und sich nicht alles gefallen ließ. Eine Beschwerde wegen unzumutbarer Arbeitsbedingungen würde folgendermaßen aussehen:

An den Arbeitgeber ...,

Unzumutbare Arbeitsbedingungen in unserem Betrieb

Sehr geehrter Herr ...

in unserem Betrieb herrschen unzumutbare Arbeitsbedingungen, über die ich mich hiermit beschwere. Unter anderem sind die Elektroleitungen nicht gesichert, die Fliesen im Flur und in den Arbeitsbereichen sind so spiegelglatt, daß eine erhebliche Unfallgefahr gegeben ist. Die Arbeitnehmer rauchen trotz Feuergefahr ständig am Arbeitsplatz. Ich empfehle Ihnen dringend, den Arbeitsplatz besser zu organisieren und die vorgenannten Mißstände abzustellen.

Mit freundlichem Gruß

Arbeitsrecht/Arbeitnehmerverhalten

Als Arbeitgeber sollten Sie sich über jegliche vertragswidrige Verhaltensweise eines Arbeitnehmers diesem gegenüber beschweren. Es gehen viele Gerichtsverfahren zwischen Arbeitgeber und -nehmer zugunsten der Arbeitnehmer aus, weil der Arbeitgeber gewisse Verhaltensnormen geduldet und sich nicht hierüber beschwert hat. Die Arbeitsgerichte verlangen immer wieder die Vorlage einer derartigen Beschwerde, die folgendermaßen aussehen würde:

An den Arbeitnehmer ... / An die Arbeitnehmerin ...,
(Überreicht durch Boten)

Ihr ständiges unentschuldigtes Zuspätkommen

Sehr geehrter Herr ... / Sehr geehrte Frau ...
in der Anlage erhalten Sie eine Aufstellung der Tage, an denen Sie innerhalb der letzten vier Wochen zu spät kamen. Ich mahne ausdrücklich das Arbeitsverhältnis ab und möchte mich über Ihre Verhaltensweise beschweren. Ich drohe Ihnen hiermit die fristlose Kündigung an und werde Ihnen im Wiederholungsfalle fristlos kündigen.

Mit freundlichem Gruß

Arbeitsrecht/Außerordentliche Kündigung Arbeitnehmer

Nach § 626 Abs. 1 BGB kann der Arbeitgeber das Arbeitsverhältnis aus wichtigem Grund ohne Einhaltung einer Kündigungsfrist kündigen. Die Arbeitgeber übersehen jedoch hier oft, daß es eines sehr gewichtigen Grundes bedarf, um überhaupt fristlos kündigen zu können. Des weiteren ist für eine fristlose Kündigung meistens erforderlich, daß der Arbeitnehmer wegen eines Fehlverhaltens abgemahnt worden ist.
Zudem kann die fristlose Kündigung vom Arbeitgeber nur innerhalb von 2 Wochen ausgesprochen werden, nachdem ihm das Fehlverhalten bekannt geworden ist, auf dem die Kündigung beruht. Sollten Sie eine fristlose Kündigung erhalten, sollten Sie unbedingt dagegen vorgehen. Sie sollten sich auch unverzüglich hinsichtlich einer Kündigungsschutzklage beraten lassen. Die Beschwerde gegen eine fristlose Kündigung würde folgendermaßen aussehen:

An den Arbeitgeber ...
Überreicht durch Boten

Betrifft: Ihre fristlose Kündigung vom ...,

Sehr geehrter Herr ..., Sehr geehrte Frau ...,

am ... haben Sie mir die fristlose Kündigung ausgesprochen, da ich am ... in alkoholisiertem Zustand an meinem Arbeitsplatz erschienen bin. Ich weise hiermit Ihre fristlose Kündigung mit sofortiger Wirkung zurück. Die Kündigung ist verspätet ausgesprochen. Der zuständige Abteilungsleiter hatte Sie über mein Fehlverhalten bereits am ... informiert. Somit ist die von Ihnen ausgesprochene fristlose Kündigung nicht mehr innerhalb der gesetzlichen Frist von 2 Wochen nach Bekanntwerden des Kündigungsgrundes erfolgt. Ich fordere Sie daher auf, binnen einer Frist von 3 Tagen die Kündigung für gegenstandslos zu erklären. Falls Sie die Frist ergebnislos verstreichen lassen, sehe ich mich gezwungen, Kündigungsschutzklage beim zuständigen Arbeitsgericht zu erheben.

Mit freundlichem Gruß

Arbeitsrecht/Ausstattung der Arbeitsräume

Häufig ist festzustellen, daß die vom Arbeitgeber zur Verfügung gestellten Arbeitsräume und die zur Verfügung gestellten Arbeitsplätze nicht den gesetzlichen Anforderungen entsprechen. So können beispielsweise Verstöße gegen die Arbeitsstättenrichtlinienverordnung darin bestehen, daß bei Vorhandensein von weiblichen und männlichen Arbeitnehmern keine getrennte Toiletteneinrichtung vorhanden ist. Vielfach kommt es auch vor, daß Arbeitsräume schlecht belüftet und schlecht beleuchtet sind. Auch hierin können Verstöße gegen die Arbeitsstättenrichtlinienverordnung liegen.
Da schlecht ausgestattete Arbeitsplätze Ihre Gesundheit beeinträchtigen könnten, sollten Sie sich diesbezüglich an das zuständige Gewerbeaufsichtsamt wenden. Eine Beschwerde könnte folgendermaßen aussehen:

An die Stadtverwaltung ...
Abteilung: Gewerbeaufsicht

Betrifft: Verstoß gegen die Arbeitsstättenrichtlinienverordnung

Sehr geehrte Damen und Herren,

ich bin Arbeitnehmerin bei der Firma X in der Müllerstr. 10 in ... .
Obwohl in unserer Firma ständig 10 weibliche und 7 männliche Mitarbeiter tätig sind, verfügt unsere Arbeitsstätte nur über eine einzige Toilette, die von allen Mitarbeitern benutzt werden muß.
Ich sehe hierin einen Verstoß gegen die Arbeitsstättenrichtlinienverordnung. Ich bitte, die Angelegenheit zu prüfen und gegebenenfalls den Arbeitgeber zu verpflichten, getrennte Toilettenräume herzustellen.

Mit freundlichen Grüßen

Arbeitsrecht/Kündigung/Betriebsrat

Nach § 3 des Kündigungsschutzgesetzes kann ein Arbeitnehmer, der eine Kündigung für sozial ungerechtfertigt hält, der also meint, daß die Kündigung nicht mit seiner Person begründet oder aus wirtschaftlichen Gründen der Firma erfolgt ist, binnen einer Woche nach der Kündigung Beschwerde (Einspruch) beim Betriebsrat einlegen. Erachtet der Betriebsrat den Einspruch für begründet, so hat er zu versuchen, eine Verständigung mit dem Arbeitgeber herbeizuführen. Die Beschwerde würde folgendermaßen aussehen:

An den Betriebsrat der Firma ...

Kündigung vom ...

Sehr geehrte Damen und Herren,

in der Anlage erhalten Sie eine Kopie des Kündigungsschreibens. Die Kündigung wurde damit begründet, daß der Arbeitsplatz aufgelöst wird. In Wirklichkeit habe ich erfahren, daß für dieselbe Stelle zwischenzeitlich eine Ersatzkraft angestellt wurde. Gem. § 3 des Kündigungsschutzgesetzes beschwere ich mich gegen die Kündigung innerhalb der gesetzten Frist von einer Woche und bitte, hier tätig zu werden.

Mit freundlichem Gruß

Arbeitsrecht/Mobbing

Unter dem Modewort „Mobbing“ versteht man schikanösen Psychoterror durch Arbeitskollegen am Arbeitsplatz. Häufig sind Neid und Mißgunst sowie andere niedrige Beweggründe Ursache für Mobbing. Sollten Sie an Ihrem Arbeitsplatz Tendenzen zum Mobbing feststellen, oder sollten Sie gar selbst Mobbingopfer sein, sollten Sie sich hierüber unverzüglich beschweren. Denn bekanntermaßen führt Psychoterror am Arbeitsplatz auch zu erheblichen gesundheitlichen Schäden. Je früher man gegen „mobbende“ Kollegen vorgeht, desto schneller kann das Übel mit der Wurzel ausgerissen werden. Bevor Sie sich allerdings beschweren, sollten Sie andere Kollegen um deren Unterstützung bitten. Denn wenn Sie gegen einen „mobbenden“ Kollegen vorgehen wollen, so sollte auch an die Beweisfrage gedacht werden. Streitet nämlich der Kollege alles ab, so dürfte es schwierig sein, etwas gegen ihn auszurichten. Klären Sie daher vor Übersendung des Beschwerdeschreibens an den Arbeitgeber, ob Sie die Anschuldigungen gegenüber dem Kollegen auch beweisen können. Eine Beschwerde könnte dann wie folgt formuliert werden:

An den Arbeitgeber X
Personalabteilung

Betrifft: Ständiger Psychoterror durch den Arbeitskollegen Y

Sehr geehrte Damen und Herren,

seit nunmehr drei Jahren arbeite ich in Ihrem Hause als Sachbearbeiter in der Buchhaltung.
Obwohl der Arbeitskollege Y für diese Stelle aufgrund seiner langjährigen Firmenzugehörigkeit vorgesehen war, wurde ich seinerzeit nach Abschluß meiner Ausbildung mit dieser Sachbearbeiterstelle betraut. Dies führte bei dem Arbeitskollegen Y offensichtlich zu Neid und Mißgunst. Seit nunmehr 3 Jahren muß ich die ständigen Schikanen des Arbeitskollegen Y ertragen. Da ich nunmehr nachweisen kann, daß diese Schikanen ausschließlich vom Arbeitskollegen Y herstammen, beschwere ich mich nunmehr mit Nachdruck über das Verhalten des Kollegen Y am Arbeitsplatz. Ich möchte nur auszugsweise folgende Vorgänge aus der jüngsten Vergangenheit schildern:
Am 05.05.97 mußte ich feststellen, daß sämtliche Bleistifte an meinem Arbeitsplatz zerbrochen waren.
Am 07.05.97 war auf meinem Stuhl Sekundenkleber angebracht worden. Dies hatte zur Folge, daß mein neu gekaufter Anzug zerstört wurde.

Am ... fand ich in meiner Schreibtischschublade einen anonymen Brief-des Inhalts, daß an dem Stuhl, auf dem ich sitze, ganz kräftig gesägt werde.
Am ... wurde ich zum Abteilungsleiter gerufen. Dieser eröffnete mir, daß gegen mich der Verdacht bestünde, Büromaterial mit nach Hause zu nehmen. Als ich den Abteilungsleiter um Auskunft bat, wie er darauf käme, sagte er, er hätte einen anonymen Hinweis erhalten.
Schließlich fand ich wenige Tage später mein Fahrzeug mit zerstochenen Reifen auf dem Firmenparkplatz vor.
Nachdem ich weder ein noch aus wußte, bat ich den Arbeitskollegen Z, mir zu helfen, den Urheber dieses Psychoterrors ausfindig zu machen.
Der Arbeitskollege legte sich schließlich auf die Lauer und beobachtete den Arbeitskollgegen Y dabei, wie er sich wieder an meinem Schreibtisch zu schaffen machte, um einen weiteren anonymen Brief zu deponieren. Als der Arbeitskollege Z den Arbeitskollegen Y zur Rede stellte, gab dieser schließlich zu, der Verantwortliche für den Psychoterror gegen mich zu sein. Er sei noch heute zutiefst darüber betroffen, daß ich seinerzeit den Arbeitsplatz erhalten habe, für den eigentlich er vorgesehen war. Der Arbeitskollege Z steht jederzeit als Zeuge zur Verfügung.
Ich bitte Sie, mit allen gebotenen Mitteln gegen Herrn X vorzugehen.

Mit freundlichen Grüßen

Arbeitsrecht/rauchfreie Zonen

Obwohl seit Jahren bekannt ist, daß die sogenannten Passivraucher durch rauchende Kollegen am Arbeitsplatz erheblich gefährdet sind, haben viele Betriebe darauf noch nicht reagiert und generell das Rauchen am Arbeitsplatz untersagt. Da man regelmäßig sehr viel Zeit an seinem Arbeitsplatz verbringt, kann es schlichtweg unerträglich sein, wenn man ständig einer rauchverpesteten Luft ausgesetzt ist. Hinzu kommt noch die erhebliche Gesundheitsgefährdung durch das sogenannte Passivrauchen. Sollte sich Ihr Arbeitskollege oder Ihre Arbeitskollegin nach Ihrer Bitte, das Rauchen am Arbeitsplatz zu unterlassen, uneinsichtig zeigen, so sollten Sie nicht länger zögern, sich bei Ihrem Arbeitgeber zu beschweren. Eine Beschwerde könnte wie folgt formuliert werden:

An den Arbeitgeber

Betrifft: Gesundheitsgefährdung durch Rauchen am Arbeitsplatz

Sehr geehrte Frau ..., sehr geehrter Herr ...,

hiermit möchte ich mich über das Verhalten meines Arbeitskollegen, Herrn ..., beschweren.
Seit über einem Jahr arbeite ich zusammen mit Herrn ... in einem Büro. Herr ... ist starker Raucher (während der Arbeitszeit ca. 20-25 Zigaretten). Die Luft in unserem Büro ist vollkommen verqualmt und riecht nach altem und kaltem Rauch. Obwohl ich versuche, durch ständiges Lüften die Situation zu verbessern, nützt dies im Ergebnis wenig. Auch meine zahlreichen Versuche, Herrn ... dazu zu bewegen, am Arbeitsplatz nicht mehr zu rauchen, blieben bislang ergebnislos. Herr ... meinte nur, wenn mich das Rauchen störe, dann solle ich mich doch in eine andere Abteilung versetzen lassen. Ich finde das Verhalten des Herrn ... unzumutbar. Ich möchte Sie darum bitten, Herrn ... darauf hinzuweisen, daß er zukünftig das Rauchen am Arbeitsplatz zu unterlassen hat und nur noch in den dafür vorgesehenen Räumen (Raucherzimmer) geraucht werden darf. Weiter darf ich Sie bitten, das Büro, in dem ich arbeite, zur rauchfreien Zone zu erklären.

Mit freundlichen Grüßen

Arbeitszeugnis/schlechte Beurteilung

Als Arbeitnehmer haben Sie grundsätzlich einen Anspruch auf Erteilung eines Arbeitszeugnisses. Für viele Arbeitgeber hängt die Entscheidung, ob ein Arbeitnehmer eingestellt wird oder nicht, davon ab, wie die Beurteilung im Arbeitszeugnis ausfällt. Sie sollten daher unbedingt darauf achten, daß die Formulierungen im Arbeitszeugnis auch tatsächlich den von Ihnen erbrachten Leistungen entsprechen. Die Gefahr bei Arbeitszeugnissen liegt darin, daß sich die von den Arbeitgebern gewählten Formulierungen zwar schön lesen lassen, aber in diesen Formulierungen häufig zum Ausdruck kommt, daß der Arbeitgeber eigentlich mit der Leistung nicht sehr zufrieden war. So signalisiert z.B. die Formulierung „Er hat die Leistungen stets zur vollen Zufriedenheit erbracht", daß die Leistung vom Arbeitgeber nur durchschnittlich bzw. unterdurchschnittlich gewertet wurde.
Gerade in den Arbeitszeugnissen können die Wortwahl und die Ausdrucksweise für den erfahrenen Arbeitgeber sehr aussagekräftig sein. Sollten Sie daher gegen ein Arbeitszeugnis, das Ihnen von Ihrem Arbeitgeber ausgestellt worden ist, Bedenken haben, so sollten Sie sich sofort darüber beschweren. Eine Beschwerde könnte wie folgt formuliert werden:

An den Arbeitgeber ...

Betrifft: Arbeitszeugnis vom ...

Sehr geehrter Herr ...,

gestern habe ich das von Ihnen verfaßte Arbeitszeugnis über meinen Tätigkeitszeitraum bei Ihrer Firma vom ... bis ... erhalten.
Hiermit beschwere ich mich mit Nachdruck gegen den Inhalt dieses Arbeitszeugnisses.
So führen Sie beispielsweise wörtlich aus, daß ich den Anforderungen nur teilweise gerecht geworden bin.
Dies ist nachweislich unrichtig. Bevor Sie derartige Behauptungen aufstellen, sollten Sie erst einmal daran denken, wie Sie diese Behauptung belegen können. Ich fordere Sie daher auf, diese Passage aus dem Arbeitszeugnis zu streichen und mir innerhalb einer Frist von 2 Wochen ein neues Arbeitszeugnis zuzusenden. Sollten Sie die Frist ergebnislos verstreichen lassen, so werde ich gerichtliche Hilfe in Anspruch nehmen und bei dem zuständigen Arbeitsgericht meinen Anspruch auf Erteilung eines Arbeitszeugnisses geltend machen.

Mit freundlichen Grüßen

Architekt

Gegen zu hohe Ansätze von Architektengebühren können Sie sich bei der Architektenkammer beschweren. Wenn Sie die Adresse der regionalen Architektenkammer nicht wissen, wenden Sie sich an die Bundesarchitektenkammer, Königswinterstraße 709, 53227 Bonn. Eine Beschwerde würde folgendermaßen aussehen:

An die Bundesarchitektenkammer
Königswinterstraße 709
53227 Bonn

Beschwerde über den Architekten ... wegen zu hoher Gebühren

Sehr geehrte Damen und Herren,

hiermit beschwere ich mich über den Architekten ... wegen zu hoher Gebühren. In der Anlage erhalten Sie Architektenvertrag und Kostenabrechnung. Der Architekt hat die in der HOAI angegebenen Gebühren der Architektengebührenordnung bei weitem überschritten. Er hat Gebührensätze zugrunde gelegt, die in der Gebührenordnung nicht vorgesehen sind. Ich bitte diesbezüglich einzuschreiten.

Mit freundlichen Grüßen

Arzt

Sind Sie der Ansicht, der Arzt habe gewisse Grundregeln und Gesetze verletzt, können Sie in zwei Bereichen der ärztlichen Behandlung Beschwerde einlegen. Sie können die Beschwerde entweder gegen das persönliche Verhalten des Arztes richten oder gegen fachliches Verhalten wie zum Beispiel fehlerhafte Gebührenabrechnung oder fehlerhafte Behandlung.

An die Bundesärztekammer
Herbert-Lewin-Straße 1
50931 Köln

Sehr geehrte Damen und Herren,

hiermit möchte ich mich über das Verhalten von Herrn Dr. med ... beschweren. Ich war am ... bei Herrn Dr. med. ... Patient(in). Zu meinem Erstaunen mußte ich feststellen, daß mein Fall so detailliert in einer Publikumszeitung abgedruckt worden ist, daß jeder in meinem Bekanntenkreis sofort wußte, daß es sich um meinen Fall handelt. Und dies, obwohl mein Name nicht genannt worden ist. Herr Dr. med. ... fungiert für besagte Zeitschrift als ärztlicher Ratgeber. Ich meine, daß hier die ärztliche Schweigepflicht verletzt worden ist, und bitte Sie, diesbezüglich Ermittlungen anzustellen.

Mit freundlichen Grüßen

Arzt/Krankenhaus

Für viele Menschen ist es schon schlimm genug, wenn sie ins Krankenhaus gehen müssen. Es gibt Ärzte, die aufgrund der großen Belastung im Krankenhaus kaum auf die Wünsche ihrer Patienten eingehen. Sie brauchen sich weder das Fehlverhalten von Ärzten noch von Krankenhauspersonal gefallen zu lassen. Gegen Selbstherrlichkeiten einzelner schwarzer Schafe sollten Sie sich so wehren:

An die
Krankenhausleitung ...

Beschwerde über Herrn Dr. ... und die Krankenschwester ...

Sehr geehrte Damen und Herren,

seit zwei Wochen bin ich Patient im vorgenannten Krankenhaus. Herr Dr. ... geht auf meine Beschwerden bezüglich der Behandlung überhaupt nicht ein. Er nimmt sich höchstens eine Minute Zeit für eine kurze Visite und sagt, er würde später mit mir darüber reden. Dieses höre ich nunmehr schon seit zwei Wochen.
Die vorgenannte Krankenschwester habe ich mehrfach gebeten, einen anderen Arzt einzuschalten bzw. den Dienstvorgesetzten über das Verhalten zu benachrichtigen. Sie teilte mir ebenfalls mit, daß sie keine Zeit habe und deswegen hierauf nicht näher reagieren könne. Ich bitte, das Fehlverhalten im Rahmen der hier vorliegenden Beschwerde schnellstens zu überprüfen.

Mit freundlichen Grüßen

Autowrackentsorgung

Einige Autofahrer finden es besonders bequem, ihre ausrangierten Autos einfach am Straßenrand abzustellen. Für Sie als Anlieger oder Nachbar einer derartigen Autoruine ist das kein schöner Anblick. Für die Abfallbeseitigung ist die Gemeinde zuständig. Beschweren Sie sich bei Ihrer Gemeinde, und fordern Sie sie auf, für die Entfernung des Autowracks zu sorgen. Die Beschwerde sieht folgendermaßen aus:

An das Gemeindeamt ...
oder
An die Stadtverwaltung ...

Autowrack in der Müllerstr. 3, PKW ...

Sehr geehrte Damen und Herren,

seit Monaten steht in der Müllerstraße 3 ein ausrangierter PKW, der bereits teilweise zerlegt und ausgeplündert wurde. Nach dem Abfallbeseitigungsgesetz sind Sie für die Beseitigung von Abfällen zuständig. Ich möchte mich über den Zustand beschweren und bitte Sie dringend, innerhalb der nächstenTage dieses Autowrack beseitigen zu lassen.

Mit freundlichen Grüßen

Bank

Bei manchen Banken hat man das Gefühl, als wäre es eine große Gnade, wenn man das der Bank geliehene Geld zurückbekommt. Aus diesem Grund sollten Sie sich auch ein derartiges Verhalten eines Bankbeamten nicht gefallen lassen.

An die ... Bank

Sehr geehrte Damen und Herren,

ich gebe Ihnen zur Kenntnis, daß ich als Kunde in Ihrer Zweigstelle ... mich äußerst schlecht behandelt fühle. Ich war mehrfach bei dem zuständigen Sachbearbeiter Herrn ... und erkundigte mich über eine größere Auslandsüberweisung. Mir wurde mehrfach mitgeteilt, daß die Auslandsüberweisung noch nicht auf meinem Konto gutgeschrieben sei. Die Gründe hierfür wurden mir nicht bekanntgegeben. Nach nunmehr vier Wochen erfahre ich, daß die Auslandsüberweisung längst in Ihrer Bank angelangt war und daß die Überweisung nur deswegen nicht gutgeschrieben worden ist, weil der Zahlungspflichtige die falsche Kontonummer auf den Überweisungsträger geschrieben hatte.
Ich bin der Ansicht, daß hier ein grobes Fehlverhalten Ihres zuständigen Sachbearbeiters vorliegt, und möchte mich hierüber beschweren. Ich bitte Sie, mir mitzuteilen, wie der Schaden gutgemacht wird. Mir sind allein an Zinsen DM 3000,00 entgangen.

Hochachtungsvoll

Bankgeheimnis/Verletzung

Ebenso wie Ärzte, Priester, Rechtsanwälte und Steuerberater einer Schweigepflicht unterliegen, sind die Banken an das sogenannte Bankgeheimnis gebunden.
Das Bankgeheimnis stellt eine wesentliche Grundlage für das Vertrauensverhältnis zwischen Kunde und Bank dar.
Eine Verletzung des Bankgeheimnisses kan unter Umständen zu Schadensersatzansprüchen berechtigen. Ebenso hat die Bank das Recht und auch die Pflicht, sich auf das Bankgeheimnis zu berufen, sofern jemand versucht, über Sie bzw. über Ihre finanziellen Verhältnisse Auskunft zu erlangen. Sollten Sie jedoch feststellen, daß sich Ihre Bank nicht an das Bankgeheimnis gehalten hat und vertrauliche Informationen nach außen bzw. an Dritte gedrungen sind, so sollten Sie sich sofort darüber beschweren. Eine Beschwerde könnte wie folgt formuliert werden:

An die XY-Bank

Betrifft: Verletzung des Bankgeheimnisses

Sehr geehrte Damen und Herren,

als langjähriger und treuer Kunde sehe ich mich nunmehr leider veranlaßt, mich über Ihren Mitarbeiter Herrn Y wegen Verletzung des Bankgeheimnisses zu beschweren.
Wie Ihnen bekannt ist, betreiben die Eltern Ihres Mitarbeiters Herrn Y eine Reparaturwerkstätte in Z. Auch ich bin langjähriger Kunde dieser Reparaturwerkstätte und lasse seit Jahren dort den Kundendienst für meinen PKW durchführen – so auch kürzlich wieder. Als ich vergangene Woche das Fahrzeug abholen und wie üblich mit einem Scheck bezahlen wollte, erklärte mir Frau Y, daß sie von mir keine Schecks mehr annehme. Als Grund für diese Annahmeverweigerung führte Frau Y aus, sie habe von ihrem Sohn erfahren, daß ich derzeit in einer schlechten finanziellen Situation sei und man deshalb bei Geschäften mit mir Vorsicht walten lassen sollte. Das Verhalten Ihres Mitarbeiters stellt einen klaren Verstoß gegen die Geheimhaltungspflicht Ihrer Bank dar. Ich bitte Sie, Ihren Mitarbeiter mit allen gebotenen Mitteln zur Rechenschaft zu ziehen. Darüber hinaus bitte ich Sie, gegenüber der Firma Y zu erklären, daß die Aussage Ihres Mitarbeiters nicht zutreffend ist.

Mit freundlichen Grüßen

Bau

Sie können sich über jedes Bauvorhaben bei der zuständigen Baubehörde beschweren. Im Rahmen der Beschwerde können Sie vortragen, daß beispielsweise nach Ihrer Ansicht ohne Baugenehmigung gebaut wird oder daß wesentliche Bausicherheitsvorschriften nicht eingehalten worden sind. Die zuständige Gemeinde ist immer verantwortlich für die Sicherheit am Bau. Ein baupolizeiliches Einschreiten wird bei gravierenden Fällen meist sofort von der Gemeinde eingeleitet. Folgendermaßen würde eine Beschwerde aussehen:

An das Gemeindeamt ...

Bauvorhaben meines Nachbarn Herrn ...

Sehr geehrte Damen und Herren,

mit Erstaunen mußte ich feststellen, daß mein Nachbar auf einmal anfängt, sein altes Haus umzubauen. Es werden tragende Mauern herausgerissen und Fassaden verändert. Ich weiß, daß das vorgenannte Haus unter Denkmalschutz steht. Ebenso weiß ich, daß die Art und Weise des Umbaus zu einer erheblichen Gefährdung der Umgebung führen kann. Ohne Schutzvorrichtungen werden Außenfassaden abgebrochen und Dächer abgedeckt. Es sind schon mehrfach Steinbrocken auf die Straße gefallen. Ich möchte mich über die Art und Weise der Baustellenführung beschweren und bitte um sofortige Kontrolle und schnelles Einschreiten.

Mit freundlichen Grüßen

Bauarbeiten

Auch Bauarbeiten können zu unerträglichen Belastungen in der Nachbarschaft führen, insbesondere wenn sie zu Unzeiten wie Samstag, Sonntag, an Feiertagen oder nachts vorgenonmmen werden. Der Nachbar kann sich hierüber beschweren. Der Beschwerdeempfänger ist die zuständige Kreisverwaltungsbehörde; falls es zu einer unzulässigen Lärmbelästigung kommt, auch die Polizeidienststelle des Ortes. Eine weitere Beschwerdestelle ist das Bauaufsichtsamt der zuständigen Kommune. Die Beschwerde könnte folgendermaßen formuliert werden:

An die
Gemeindeverwaltung ...

Beschwerde gegen Herrn ... wegen Bauarbeiten nach 18.00 Uhr sowie samstags und sonntags

Sehr geehrte Damen und Herren,
wir sind Nachbarn des vorgenannten Bauvorhabens. Wir haben uns seit Wochen bei unserem Nachbarn beschwert, damit dieser seine Baumaßnahmen nicht mehr am Wochenende, an Feiertagen und nach 18.00 Uhr durchführt. Nachdem eine Beendigung der Baumaßnahmen nicht zu erwarten ist, bitten wir, hiergegen aufgrund dieser Beschwerde einzuschreiten.

Mit freundlichen Grüßen

Baumaßnahmen im Nachbarhaus

Der Mieter eines Hauses muß nach einem Rechtsentscheid des Bayerischen Obersten Landesgerichtes Baumaßnahmen im Nachbarhaus nicht widerspruchslos hinnehmen und hat ein Mietminderungsrecht. Das verstehen viele Vermieter nicht, weil sie an sich für die Maßnahmen im Nachbarhaus nicht verantwortlich sind. Hintergrund der Rechtsprechung ist, daß der Vermieter den ordnungsgemäßen Mietgebrauch schuldet und dieser bei einer durch ständigen Baulärm beeinflußten Mietwohnung nicht gegeben ist.

Herrn/Frau/Fräulein ...

Baumaßnahmen in unserem Nachbarhaus in der ... straße

Sehr geehrte Damen und Herren,

ich habe von Ihnen das vorgenannte Reihenhaus gemietet und Ihnen schon bei der Anmietung mitgeteilt, daß ich auf eine ruhige Gegend Wert lege. Das Grundstück, das sich neben dem Reihenhaus befand, sollte, wie Sie mir versicherten, nie Bauland werden. Nunmehr ist das Grundstück seit einem halben Jahr Großbaustelle. Ich mindere ab sofort den Mietzins um 50%. Ich bitte, diese Beschwerde ernst zu nehmen. Versuchen Sie, bei den Nachbarn zu erreichen, daß zumindest nach 18.00 Uhr die Baumaßnahmen eingestellt werden, weil ich ansonsten den Mietzins noch weiter mindern werde.

Mit freundlichen Grüßen

Behinderung

Obwohl sich in den letzten Jahren bereits viel zugunsten körperlich Behinderter verbessert hat, gibt es immer noch öffentliche Einrichtungen und Gebäude, die im Bereich behindertengerechter Ausstattung erhebliche Defizite aufweisen. So kommt es immer wieder vor, daß Behinderte nicht an öffentlichen Veranstaltungen teilnehmen oder öffentliche Einrichtungen nicht nutzen können. Sollte man diesbezüglich Feststellungen treffen, so sollte man nicht länger zögern, sondern sofort eine Beschwerde an die Orts- bzw. Gemeindeverwaltung richten. Heute kann es nicht mehr angehen, daß man aufgrund körperlicher Gebrechen von der Teilnahme am öffentlichen Leben ausgeschlossen ist. Eine Beschwerde könnte wie folgt formuliert werden:

An die Gemeindeverwaltung
z. H. Herrn Bürgermeister ... Persönlich

Betrifft: Beschwerde wegen nicht behindertengerechter Ausstattung

Sehr geehrter Herr Bürgermeister,

hiermit beschwere ich mich über die mangelhafte behindertengerechte Ausstattung in unserem Stadttheater.
Seit Jahren bin ich querschnittsgelähmt und an den Rollstuhl gefesselt. Am vergangenen Sonntag wollte ich nach Jahren einmal wieder eine Theateraufführung in unserem Stadttheater besuchen.
Dieser Besuch wäre fast daran gescheitert, daß ich mit meinem Rollstuhl nicht in den Zuschauerraum gelangen konnte. Der Zuschauerraum befindet sich im 1. Obergeschoß und kann nur über eine Treppe erreicht werden. Einen Aufzug für ältere und gebrechliche Menschen sowie Behinderte gibt es nicht.
Als ich verschiedene Leute bat, mich doch mit dem Rollstuhl in den 1. Stock in den Zuschauerraum zu tragen, lehnten sie ab. Erst auf mehrmaliges Bitten hin trugen mich zwei jüngere Theaterbesucher zusammen mit dem Rollstuhl in den Zuschauerraum. Ich finde es skandalös, daß unser Stadttheater bis heute keine behindertengerechte Ausstattung hat. Hinzu kommt, daß auch eine Toilettenanlage für Behinderte gänzlich fehlt. Es ist wirklich traurig, daß so wenig an die Behinderten gedacht wird. Eine Kopie dieses Schreibens erhalten die Fraktionsvorsitzenden der Gemeinderatsfraktionen sowie die örtliche Presse.

Mit freundlichen Grüßen

Behörden/Dienst- und Fachaufsicht

Tagtäglich kommt es vor, daß man sich über die zu langsame Bearbeitung eines Antrages bei einer Behörde ärgert. Die langsame Bearbeitung kann durch zweierlei Gründe bedingt sein: Einmal kann es sich wirklich um eine totale Überlastung des zuständigen Beamten oder Angestellten handeln. Momentan kommt das gerade in den neuen Bundesländern besonders oft vor. Andererseits kann es auch einfach wirklich am Verhalten des zuständigen Sachbearbeiters liegen, der einen Großteil seiner Arbeit unverrichtet läßt. Es haben sich daher in der Praxis zwei verschiedene Arten von Beschwerden entwickelt. Es gibt einmal die sogenannte Dienstaufsichtsbeschwerde, die immer gegen das Verhalten des zuständigen Beamten oder Angestellten gerichtet ist. Verhält sich der Angestellte oder Beamte unkorrekt, ist er unfreundlich, ungerecht, oder sind sonstige Mängel, die durch ihn persönlich bedingt sind, gegeben, so empfiehlt sich immer die sogenannte Dienstaufsichtsbeschwerde. Es ist empfehlenswert, diese Beschwerde an den Vorgesetzten des Beamten oder Angestellten zu richten.
Liegt die Beschwerde im Tätigkeitsbereich oder in der Art und Weise der Bearbeitung Ihrer Angelegenheit, so sprechen wir von Fachaufsichtsbeschwerde. Auch diese ist empfehlenswerterweise an den nächsthöheren Beamten oder Angestellten oder Leiter der Dienststelle zu richten.

Dienstaufsichtsbeschwerde

Sehr geehrte Damen und Herren,

ich möchte mich über das dienstliche Verhalten von Herrn/Frau ... beschweren. Ich erlaube mir, Ihnen folgenden Vorgang zu schildern: Am ... war ich beim Amt für Wohngeld und wollte mich erkundigen, wieweit mein Antrag bearbeitet ist. Der zuständige Angestellte ließ mich eine halbe Stunde warten und führte in dieser halben Stunde ein Privatgespräch. Ich hatte ihn mehrmals darauf hingewiesen, daß ich dringend das Geld benötige, damit mir keine fristlose Kündigung droht. Er dachte nicht daran, sein Telefonat zu unterbrechen, und fertigte mich in barschem Ton damit ab, er hätte augenblicklich keine Zeit, den Antrag zu bearbeiten. Ich bitte, das Verhalten des zuständigen Angestellten dienstaufsichtlich zu würdigen und mir eine entsprechende Stellungnahme zukommen zu lassen.

Mit freundlichen Grüßen

Behörden/Entscheidungen

Über jede Behördenentscheidung können Sie sich beschweren. Die Rechtsgrundlage einer allgemeinen Beschwerde ist in Art. 5 GG niedergelegt. Darin ist das Recht des Bürgers, seine Meinung zu äußern, als Grundrecht garantiert. Bei Abfassung Ihrer Beschwerde sollten Sie sich überlegen, ob in der Beschwerde das Rechtsmittel gegen die Entscheidung enthalten ist oder ob Sie sich nur allgemein über die Entscheidung der Behörde beschweren wollen. Die zuständige Behörde für eine Beschwerde ist entweder die Behörde, die die rechtswidrige Handlung tätigte, oder die nächsthöhere Behörde. Es ist immer empfehlenswert, sich an die nächsthöhere Behörde zu wenden. Auch sollten Sie nicht nur die Verletzung des normalen Rechts rügen, sondern die Beschwerde gleichsam im Spiegelbild des Grundgesetzes sehen. Die wichtigsten Grundgesetzartikel sind:

Art. 1 GG: Die Würde des Menschen ist unantastbar. Sie zu achten und zu schützen ist Verpflichtung aller staatlichen Gewalt.
Art. 2 GG: schützt die Persönlichkeit des Menschen und insbesondere seine freie Entfaltungsmöglichkeit. In diesem Grundrecht wird auch das Recht auf Leben und körperliche Unversehrtheit geschützt.
Art. 3 GG: Gleichheitssatz: Männer und Frauen sind gleichberechtigt.
Art. 4 GG: Religionsfreiheit.
Art. 5 GG: Meinungsfreiheit (Meinungsäußerungsfreiheit und Meinungsinformationsfreiheit).
Art. 6 GG: Schutz der Ehe und Familie.

Eine Beschwerde könnte folgendermaßen aussehen:

An das Landratsamt...

Beschwerde gegen die Gemeinde . .

Sehr geehrte Damen und Herren,

in Ihrer Eigenschaft als Aufsichtsorgan der Gemeinde bitte ich Sie um Überprüfung des folgenden Vorganges: Am 03. März 1997 fand im Gemeindesaal eine öffentliche Anhörung der Bürger über bauliche Maßnahmen innerhalb der Gemeinde statt. Ich bin in der Gemeinde nicht geboren, wohne dort aber seit 10 Jahren. Als ich die Versammlung besuchen wollte, erhielt ich Zutritt, aber zugleich auch ausdrückliches Redeverbot. Mir wurde mitgeteilt, daß auf dieser Versammlung nur in der Gemeinde geborene Bürger reden dürften. Ich sehe darin Art. 5 GG verletzt, des weiteren Art. 3 GG und die einschlägigen Bestimmungen unserer Landesverfassung. Ich bitte, gegen das Verhalten des Bürgermeisters, der seinerzeit diese Ansicht äußerte, einzuschreiten. Im Laufe des Abends verbot mir der Bürgermeister auch noch die Anwesenheit im Saal. Dies begründete er ebenfalls damit, daß dort nur in der Gemeinde geborene Personen anwesend sein dürften. Durch dieses Verhalten sehe ich auch noch mein Recht auf freie Entfaltung der Persönlichkeit (Art. 2 GG) verletzt. Ich möchte mir dieses entwürdigende Verhalten des Bürgermeisters nicht gefallen lassen und bitte um Überprüfung.

Mit freundlichen Grüßen

Betriebliche Sicherheit

Nach § 120 a der Gewerbeordnung muß der Gewerbeunternehmer die Arbeitsräume, Betriebsvorrichtungen, Maschinen und Gerätschaften so einrichten und unterhalten und den Betrieb so regeln, daß die Arbeitnehmer gegen Gefahren für Leben und Gesundheit soweit geschützt sind, wie die Natur des Betriebes es gestattet. Wenn Sie als Arbeitnehmer in einem Betrieb arbeiten, der gegen diese Verpflichtung verstößt, können Sie sich wie folgt beschweren:

An das Gewerbeaufsichtsamt der Stadt ...

Betriebliche Situation des Betriebes ...

Sehr geehrte Damen und Herren,

ich bin Arbeitnehmer des vorgenannten Betriebes. Ich arbeite mit mehreren Kollegen an den Stanzmaschinen. Die von dem Hersteller der Stanzmaschinen vorgesehenen Schutzeinrichtungen wurden, um die Produktion zu erhöhen, teilweise abgebaut. Ich sehe darin erhebliche Eingriffe in die Sicherheit der Arbeitnehmer und bitte um dringendes Einschreiten. Gleichzeitig möchte ich mich über das Verhalten des zuständigen Betriebsleiters beschweren. Herr ... hat diese Anordnung seinerzeit meiner Ansicht nach ohne Kenntnis der Geschäftsleitung getroffen.

Mit freundlichen Grüßen

Botschafter

Die Bundesrepublik Deutschland wird im Ausland durch ihre Botschaften vertreten. Es kommt immer wieder vor, daß Bürger sich beschweren, weil sie von einer deutschen Botschaft nicht ausreichend Hilfe erhalten. Die Botschaft ist für die Bürger der Bundesrepublik im Ausland zuständig. Sind Sie durch eine Botschaft schlecht behandelt worden, können Sie sich an den Dienstherrn der Botschafter wenden. Dies ist augenblicklich Herr Außenminister Klaus Kinkel im Bundesministerium des Auswärtigen, 53113 Bonn, Adenauerallee 99-103. Ein Beschwerdeschreiben an den Außenminister könnte folgendermaßen aussehen:

Vertretung der Bundesrepublik Deutschland in ...

Ihr Botschafter in der Stadt ...

Sehr geehrter Herr Außenminister,

während meines Besuches in der Stadt ... wurde mir mein Koffer mit meinen gesamten Ausweisen gestohlen. Hinzu kam noch, daß ich durch den Diebstahl sämtliche Barmittel verlor. Ich habe mich, auf Anraten der zuständigen Polizei, an die Botschaft der Bundesrepublik Deutschland gewandt. Ich erklärte dem zuständigen Sachbearbeiter in der Botschaft, daß ich aus privaten Gründen sofort Ersatzausweise benötige, und bat darlehensweise um Geldmittel, damit ich den Rückflug antreten könne. Seitens des zuständigen Beamten wurde mir mehrfach erklärt, er werde sich um alles kümmern. Als ich drei Tage später wieder zu der Botschaft kam, war noch nichts erledigt. Ich hatte ausdrücklich eine Adresse mit Telefonnummer in Deutschland angegeben, über die bestätigt werden konnte, daß ausreichend Geldmittel vorhanden seien. Der zuständige Sachbearbeiter hat weder bei der Bank angerufen, deren Adresse ich bekanntgab, noch hat er sich um irgendwelche Ausweispapiere gekümmert. Er teilte mir schlichtweg mit, daß er augenblicklich keine Zeit habe, den Antrag und meine Wünsche zu bearbeiten, und ging ins Wochenende, ohne mir zu helfen.
Ich bitte, das Verhalten des zuständigen Sachbearbeiters mit dem Namen ... dienstaufsichtlich und fachaufsichtlich zu würdigen.

Mit freundlichen Grüßen

Briefkastenwerbung

Obwohl bereits an einer Vielzahl von Briefkästen Hinweisschilder angebracht sind, daß der Einwurf von Werbesendungen oder Werbematerial untersagt ist, gibt es immer wieder Firmen, die sich über diese Hinweisschilder hinwegsetzen und zum Ärgernis der Briefkastenbesitzer in Hülle und Fülle Werbematerial einwerfen. Sie brauchen sich ein derartiges Verhalten nicht gefallen zu lassen. Sie haben sogar gegen die Firma, die verbotenerweise Werbung einwirft, einen Unterlassungsanspruch, den Sie gerichtlich durchsetzen können. Vorher sollten Sie sich aber bei der Firma, auf deren Veranlassung die Werbung eingeworfen worden ist, beschweren und diese abmahnen. Eine Beschwerde könnte wie folgt formuliert werden:

An die Firma ...

Betrifft: Ihre Wurfsendung vom ...

Sehr geehrte Damen und Herren,

hiermit beschwere ich mich mit Nachdruck darüber, daß am ... trotz eines eindeutigen Hinweises auf dem Briefkasten, daß der Einwurf von Werbebriefen oder Werbesendungen untersagt ist, ein Fallzettel Ihrer Firma in meinen Briefkasten eingeworfen wurde. Ich mahne Sie hiermit ausdrücklich für Ihr Verhalten ab und weise Sie darauf hin, daß ich ohne weitere Vorankündigung eine Unterlassungsklage gegen Sie einreichen werde, falls Sie noch einmal eine Werbesendung in meinen Briefkasten einwerfen.

Mit freundlichen Grüßen

Bundesbahn/Deutsche Bahn AG

Wenn Sie eine Beschwerde gegen die Art und Weise der Behandlung durch Bahnpersonal haben, so können Sie sich an die für Ihren Wohnbereich zuständige Niederlassung der Deutschen Bahn AG wenden. Nach der Privatisierung der Bundesbahn unterhält die Deutsche Bahn AG regionale Vertretungen. Die regionalen Vertretungen befinden sich in der Regel in den örtlichen Bahnhöfen.
Sie können sich aber auch direkt an die Zentrale der Deutschen Bahn AG, Invalidenstraße 130-131, 10115 Berlin wenden. Dort wird entweder selbst über die Beschwerde entschieden oder die Beschwerde wird an die zuständige Stelle weitergeleitet. Ein Beschwerdeschreiben könnte folgendermaßen aussehen:

An die
Deutsche Bahn AG
Hauptverwaltung
z.H. Dem Vorstandsvorsitzenden
Invalidenstr. 130-131
10115 Berlin

Sehr geehrter Herr Vorstandsvorsitzender,

am 3.5.1997 habe ich eine Reise von München nach Hamburg gebucht. Reiseantritt war morgens um 7.00 Uhr. Dabei mußte ich feststellen, daß der Zug total verschmutzt war. Da München der Ausgangsort der Reise war, ist es unzumutbar, einen derartigen verschmutzten Zug Kunden zu überlassen. Ich bitte daher, dieser Beschwerde nachzugehen.

Mit freundlichen Grüßen

Bundesgesundheitsamt

Aufgrund der bekannten Medikamentenaffären in der Bundesrepublik Deutschland sollte jeder Bürger, der bei der Einnahme von Medikamenten feststellt, daß unbekannte Nebenwirkungen auftreten, sich diesbezüglich sofort an das Bundesgesundheitsamt in Berlin wenden. Die Adresse ist: Bundesgesundheitsamt Berlin, Thiel-Allee 88-92, 14195 Berlin. Eine Beschwerde kann folgendermaßen aussehen:

An das
Bundesgesundheitsamt
Thiel-Allee 88-92
14195 Berlin

Beschwerde über das Arzneimittel ...

Sehr geehrte Damen und Herren,

in der Anlage reiche ich Ihnen eine Probe des vorgenannten Arzneimittels ein. Ich habe auf ärztliche Anweisung das mir verschriebene Arzneimittel über einen Zeitraum von zwei Wochen genommen. Ich habe mir seinerzeit die Gebrauchsanleitung genau durchgelesen und festgestellt, daß folgende Nebenwirkungen eintreten - ... -, auf die in den Hinweisen in der Medikamentenschachtel nicht aufmerksam gemacht wurde. Im Hinblick darauf, daß auch in meinem Bekanntenkreis bei drei Personen derartige Nebenwirkungen aufgetreten sind, bitte ich dringend, eine Untersuchung einzuleiten.

Mit freundlichen Grüßen

Bundeskanzler

Der Bundeskanzler ist nach dem Grundgesetz für die politischen Handlungen verantwortlich. Wenn Sie mit irgendeiner Maßnahme nicht einverstanden sind, können Sie sich jederzeit an den Bundeskanzler wenden. Dieser wird das Schreiben, auch wenn er im konkreten Fall nicht dafür zuständig ist, an die entsprechende Behörde weiterleiten. Ein Beschwerdeschreiben an den Bundeskanzler könnte folgendermaßen aussehen:

Herrn Bundeskanzler
Dr. Helmut Kohl
Adenauerallee 141
53113 Bonn

Sehr geehrter Herr Bundeskanzler,

seit einigen Monaten wird eine Bundesstraße durch unsere Ortschaft geplant, die nicht nur zu einer unerträglichen Verkehrsbelastung führen wird, sondern die auch den Gesamtcharakter unseres Ortes zunichte macht. Es gibt für die bisher schon bestehende Ortsumgehung jederzeit die Möglichkeit, diese Straße zu vergrößern. Ich bitte, daß Sie sich dafür einsetzen, daß seitens der zuständigen Behörde nochmals die Rechts- und Sachlage überprüft wird, ob nicht der erhebliche Einschnitt in die Lebensqualität der Bevölkerung höher zu bewerten ist als das Recht der Autofahrer, noch schneller zu fahren.

Mit freundlichen Grüßen

Bundesminister

Sie können auch ein Schreiben mit ähnlichen Inhalten an folgende Ministerien senden, soweit es deren Fachgebiete betrifft:

Bundesminister für Wirtschaft, Villemombler-Str. 76, 53123 Bonn
Bundesminister für Ernährung, Landwirtschaft und Forsten, Rochusstr. 1, 53123 Bonn
Bundesminister für Arbeit und Sozialordnung, Rochusstr. 1, 53123 Bonn
Bundesminister der Verteidigung, Hardthöhe, Postfach 1328, 53123 Bonn
Bundesminister für Familie und Senioren, Godesberger Allee 140, 53175 Bonn
Bundesminister für Frauen und Jugend, Kennedyallee 105-107, 53175 Bonn
Bundesminister für Gesundheit, Am Propsthof 78 A, 53121 Bonn
Bundesminister für Verkehr, Robert-Schuman-Platz 1, 53175 Bonn
Bundesminister für Umwelt, Naturschutz und Reaktorsicherheit, Kennedyallee 5, 53175 Bonn
Bundesminister für Post und Telekommunikation, Heinrich-von-Stephan-Str. 1, 53175 Bonn
Bundesminister für Raumordnung, Bauwesen und Städtebau, Deichmanns-Aue 31-37, 53179 Bonn
Bundesminister für Bildung und Wissenschaft, Heinemannstr. 2, 53175 Bonn
Bundesminister für wirtschaftliche Zusammenarbeit, Karl-Marx-Str. 4-6, 53113 Bonn

Bundespräsident

Das oberste Aufsichtsorgan im staatlichen Sinne ist der Bundespräsident. Sie können sich deshalb bei Beschwerden gegen staatliches Handeln auch an den Bundespräsidenten wenden. Dieser wird mit Sicherheit die Beschwerde an die für Sie zuständige Stelle weitergeben. Adressat ist augenblicklich Bundespräsident Roman Herzog, der in 53113 Bonn, Kaiser-Friedrich-Str. 16, seinen Präsidiumssitz hat. Eine Beschwerde würde folgendermaßen aussehen:

An Herrn Bundespräsidenten
Roman Herzog
Kaiser-Friedrich-Str. 16
53113 Bonn

Wohngeldgesetz/Abwicklung

Sehr geehrter Herr Bundespräsident,

vor mehreren Monaten habe ich einen Antrag auf Zuteilung von Wohngeld für meine Mietwohnung gestellt. Da die Miete überaus hoch ist, kann ich sie mir augenblicklich nicht leisten. Ich erhalte weder eine Antwort auf meine Einschreibbriefe noch sonst irgendeine Reaktion seitens der zuständigen Wohngeldbehörde. Es wäre sehr freundlich von Ihnen, wenn Sie sich diesbezüglich einsetzen könnten.

Mit freundlichen Grüßen

Bundeswehrschikane

Leider kommt es viel zu häufig vor, daß das bei der Bundeswehr geltende Gehorsamsprinzip von vielen Vorgesetzen dazu benutzt wird, um junge Soldaten zu schikanieren. Die Ausbildung eines Soldaten ist zwar grundsätzlich arbeitsintensiv, aber Schikane brauchen Sie sich nicht gefallen zu lassen. Die Schikane äußert sich vielfach darin, daß vom Vorgesetzten Befehle gegeben werden, die über die Leistungsfähigkeit des einzelnen Soldaten hinausgehen, oder daß entwürdigende Tätigkeiten verlangt werden. Sollten Sie derartiges Verhalten feststellen, so sollten Sie unverzüglich gegen den Vorgesetzten vorgehen, der sich schikanös verhält. Zuständig für derartige Vorgänge ist der Wehrbeauftragte. Der Wehrbeauftragte ist verpflichtet, den Meldungen nachzugehen und die Fälle von Schikane und Amtsmißbrauch zu prüfen. Eine Beschwerde könnte wie folgt formuliert werden:

An den Wehrbeauftragten
Bundesministerium für Verteidigung
Hardthöhe
53123 Bonn

Betrifft: Beschwerde gegen Unteroffizier X, Einheit Y in ...

Sehr geehrte Damen und Herren,

hiermit möchte ich folgenden Vorgang melden:
Am 17.01.1997 führten wir im Rahmen der Grundausbildung Exerzierübungen auf dem Exerzierplatz unserer Kaserne durch. Nachdem trotz mehrmaliger Versuche die Marschübungen nicht zur Zufriedenheit des Unteroffiziers X verlaufen sind, ließ uns der Unteroffizier X antreten und zur Strafe drei Stunden in klirrender Kälte mit Minustemperaturen von ca. -10° C auf dem Exerzierplatz stehen. Dabei kam es bei mir und zwei weiteren Kameraden zu Erfrierungserscheinungen an den Zehen. Wir mußten uns sofort in ärztliche Behandlung begeben. Obwohl wir dem Unteroffizier X dringlich nahelegten, doch endlich die Übung zu beenden, ließ uns dieser weiterhin in der Kälte stehen.
Das Verhalten des Unteroffiziers X ist reine Schikane. Ich beschwere mich – auch im Namen von zwei Kameraden – ausdrücklich über das Verhalten des Unteroffiziers X. Ich darf Sie bitten, den Vorgang zu prüfen und mit aller Entschiedenheit gegen den Unteroffizier X vorzugehen.

Mit freundlichen Grüßen

Datenschutz

Nach § 21 des Bundesdatenschutzgesetzes kann sich jedermann an den Bundesbeauftragten für den Datenschutz wenden, wenn er der Ansicht ist, bei der Erhebung, der Verarbeitung oder Nutzung seiner personenbezogenen Daten durch öffentliche Stellen des Bundes in seinen Rechten verletzt worden zu sein. Eine Beschwerde würde folgendermaßen aussehen:

An den
Bundesbeauftragten für den Datenschutz
Riemenschneiderstr. 11
53175 Bonn

Verletzung des Datenschutzgesetzes bei der Behörde ...

Sehr geehrte Damen und Herren,

ich arbeite selbst bei der vorgenannten Behörde ... in ..., und hier wird die Datenverarbeitung äußerst schlampig gehandhabt. Den bei der Datenverarbeitung beschäftigten Personen ist es nicht untersagt, personenbezogene Daten unbefugt zu verarbeiten oder zu nutzen. Zwischenzeitlich habe ich von unserem Datenschutzreferenten erfahren, daß die Daten an jeden weitergegeben werden, der sie gerne haben will. Ich möchte mich hiermit über dieses Verfahren beschweren und bitte Sie, diesem ein Ende zu machen.

Mit freundlichen Grüßen

Defekte Ware/Umtausch bzw. Rücknahme

Die Freude über einen gelungenen Kauf wird oftmals schnell getrübt, wenn man zu Hause feststellt, daß die gekaufte Ware mit einem Fehler behaftet ist.
Bringt man dann die Ware zurück, um sie umzutauschen oder eine Reparatur einzufordern, wird der Ärger noch größer, wenn man plötzlich zu hören bekommt, daß der Umtausch ausgeschlossen sei, oder eine Reparatur verweigert wird, da nur ein Fehler vorläge, der nicht von der gegebenen Garantie abgedeckt sei. Obwohl die meisten großen Kaufhäuser beim Umtausch von Waren sehr großzügig sind, kommt es immer wieder vor, daß der Umtausch oder die Rücknahme der Ware abgelehnt wird. Sie sollten sich daher, falls Ihnen der Umtausch oder die Rücknahme einer beschädigten Ware verweigert wird, bei der Geschäftsleitung des Kaufhauses beschweren. Gleichzeitig sollten Sie, insbesondere bei größeren Anschaffungen, eine rechtliche Beratung in Anspruch nehmen, um die Frage zu prüfen, ob der Kaufvertrag insgesamt rückgängig gemacht werden kann. Eine Beschwerde könnte wie folgt formuliert werden:

An die Geschäftsleitung des Kaufhauses X

Betrifft: Verweigerung des Umtausches eines defekten Fernsehgerätes

Sehr geehrte Damen und Herren,

am Samstag, den ... habe ich in Ihrem Kaufhaus ein Fernsehgerät der Marke X erworben.
Das Fernsehgerät wurde in Ihrem Kaufhaus als Sonderangebot angeboten. Als ich das Fernsehgerät zu Hause auspackte und in Gebrauch nehmen wollte, mußte ich leider feststellen, daß das Gerät nicht funktionierte. Es erschien überhaupt kein Bild auf dem Schirm.
Daraufhin bin ich am Montag sofort wieder in Ihr Kaufhaus gegangen, um das defekte Gerät umzutauschen. Dort teilte mir der zuständige Verkäufer mit, daß der Umtausch ausgeschlossen sei, da es sich um ein Sonderangebot gehandelt hat. Auf meine Frage hin, ob denn dann eine Reparatur des Gerätes in Betracht käme, wurde mir schließlich mitgeteilt, daß dieser Schaden ungewöhnlich und nicht von der Garantie abgedeckt sei. Ich müsse daher selbst sehen, wo ich das Gerät reparieren lassen könne.
Über diese Art und Weise des Kundenumgangs möchte ich mich mit Nachdruck beschweren. Zu keinem Zeitpunkt wurde ich darauf hingewiesen, daß der von mir erworbene Fernseher generell vom Umtausch ausgeschlossen ist.

Darüber hinaus dürfte es auch nicht der üblichen Praxis entsprechen, daß defekte Ware, die noch dazu unverzüglich zurückgebracht wird, nicht umgetauscht wird. Ich fordere Sie daher auf, den defekten Fernseher binnen einer Frist von 1 Woche ab Zugang dieses Schreibens zurückzunehmen und mir ein neues mangelfreies Gerät des gleichen Typs auszuhändigen. Sollte die Frist ergebnislos verstreichen, so müßte ich leider anwaltliche Hilfe in Anspruch nehmen.

Hochachtungsvoll

EG-Recht

Das Recht der Europäischen Gemeinschaft garantiert den Bürgern der Mitgliedstaaten die freie Arbeitsplatzwahl innerhalb seines Geltungsbereichs. Werden Sie in diesem Recht in einem Land der EG behindert, oder wollen Sie sich generell mit einer Rechtsbeschwerde an den Europäischen Gerichtshof wenden, weil EG-Recht verletzt wird, so können Sie ein entsprechendes Schreiben an den Gerichtshof der Europäischen Gemeinschaft richten. Die Beschwerde könnte folgenden Wortlaut haben:

An den
Gerichtshof der Europäischen Gemeinschaft
Plateau de Kirchberg
L-2925 Luxemburg

Verletzung des Rechts der Europäischen Gemeinschaft

Sehr geehrte Damen und Herren,

ich bin in Italien, einem Land der EG, geboren. Ich wollte in Deutschland arbeiten. Die Behörde verlangte von mir eine Arbeitserlaubnis und teilte mit, daß generell Bürgern aus EG-Staaten die Arbeitserlaubnis nicht erteilt wird. Ich sehe darin einen Verstoß gegen das Recht der freien Wahl des Arbeitsplatzes. Ich möchte mich hierüber beschweren. Bitte teilen Sie mir mit, was ich dagegen unternehmen kann.

Mit freundlichen Grüßen

Einzelhandel

Millionen Geschäfte werden täglich über den Einzelhandel getätigt. Es besteht deswegen immer wieder die Möglichkeit, daß sich unter den Einzelhändlern „schwarze Schafe" befinden. Sie sollten sich ein derartiges Verhalten nicht gefallen lassen. Sie können sich bei dem zuständigen Einzelhandelsverband beschweren, der für den Einzelhändler regional zuständig ist. Wenn Ihnen diese Adresse nicht bekannt ist, können Sie sich auch an die Hauptgemeinschaft des deutschen Einzelhandels e.V. in 50677 Köln, Sachsenring 89, wenden, die entweder die Beschwerde direkt behandelt oder weiterleitet. Sie könnnen sich natürlich auch an das Gewerbeaufsichtsamt Ihrer zuständigen Gemeinde wenden. Im folgenden formulieren wir eine Beschwerde an die Hauptgemeinschaft des deutschen Einzelhandels e.V.

An die
Hauptgemeinschaft des deutschen Einzelhandels e.V.
Sachsenring 89
50677 Köln

Beschwerde über den Lebensmittelhändler Herrn ...

Sehr geehrte Damen und Herren,

seit einigen Wochen bin ich Käufer in dem vorgenannten Lebensmittelladen. Mir fällt dabei auf, daß Waren verkauft werden, deren Haltbarkeitsdaten schon seit einiger Zeit abgelaufen sind.
Ich bitte diesbezüglich dringend, daß Sie tätig werden und gegebenenfalls die Kopie dieses Beschwerdeschreibens nebst Anlagen, aus denen sich genau ergibt, welche Ware zu welchem Zeitpunkt verkauft wurde und welche Ware welches Verfallsdatum hatte, an den Einzelhandelsverband des Bundeslandes senden, in dem ich wohne, dessen Anschrift mir aber nicht bekannt ist.

Mit freundlichem Gruß

Einzelhandel/Unzuverlässigkeit

Die Gewerbeordnung sieht die Möglichkeit einer Beschwerde gegen Einzelhändler vor, wenn diese unzuverlässig arbeiten. Die Konsequenz kann ein Gewerbeverbot gem. § 35 der Gewerbeordnung sein. Eine diesbezügliche Beschwerde muß an das Gewerbeaufsichtsamt der entsprechenden Stadt oder des entsprechenden Ortes gerichtet werden und könnte folgendermaßen formuliert sein:

An das Gewerbeaufsichtsamt der Stadt ...
Computerfirma ...

Sehr geehrte Damen und Herren,

über die vorgenannte Computerfirma möchten wir uns beschweren und regen an, ein Verfahren nach § 35 der Gewerbeordnung einzuleiten. Wir haben mehrere Computer bei dieser Firma in Reparatur gegeben. Als wir die Computer abholen wollten, wurde uns mitgeteilt, daß diese durch einen Wasserschaden ruiniert und nunmehr vernichtet worden seien. Ein Ersatz wurde uns nicht versprochen, weil der Ladeninhaber behauptete, daß er an dem Schadensfall kein Verschulden trage und somit hierfür auch nicht hafte. Nachdem aus Kollegenkreisen ähnliche Beschwerden kommen, empfehlen wir Ihnen dringend, hier einzuschreiten.

Mit freundlichen Grüßen

Elektronotdienst

Auch unter Elektronotdienstfirmen gibt es einige „schwarze Schafe". So sind in der Praxis Rechnungen bekannt, bei denen der Notdienst aus Sicherheitsgründen die Reparatur nicht ausführte, aber dennoch den vollen Stundensatz in Rechnung stellte.

An die Elektronotdienstfirma ... in ...

Rechnung Nr. ... vom ...

Sehr geehrte Damen und Herren,

über Ihre obengenannte Rechnung bin ich sehr erstaunt, weil diese Rechnung von der endgültigen Behebung des Mangels ausgeht, in Wirklichkeit jedoch die Leitung nur durch ein Flickwerk oberflächlich wiederhergestellt wurde und der Monteur uns dringend geraten hatte, eine Fachfirma zu Rate zu ziehen. In dem heute mit Ihnen geführten Telefongespräch haben Sie mich auf die Allgemeinen Geschäftsbedingungen hingewiesen, wonach auch bei provisorischer Reparatur die Handwerkerleistung so berechnet wird, als wäre sie fachmännisch erledigt worden. Nach der einschlägigen Rechtsprechung hierzu, insbesondere durch das grundsätzliche Urteil des Landgerichts Düsseldorf vom 23.3.1988, AZ 120292/87, ist eine derartige Handhabung in den Allgemeinen Geschäftsbedingungen unzulässig.
Ich denke nicht daran, die Rechnung zu bezahlen, bis Sie mir eine andere zuschicken, die Ihren tatsächlichen Leistungen entspricht.

Hochachtungsvoll

Eltern/Aufsichtspflicht

Leider sind viele Eltern nicht in der Lage, die Kindererziehung, zu der auch die Aufsicht der Kinder gehört, sorgsam und ordnungsgemäß auszuüben. Vielen Eltern ist es gleichgültig, ob ihre Kinder verwahrlosen oder was ihre Kinder tun. Im Interesse dieser Kinder sollte man sich daher an die zuständige Behörde wenden und sich über das Verhalten der Eltern beschweren. Zuständig für derartige Beschwerden sind die kommunalen Jugendämter. Eine Beschwerde könnte wie folgt formuliert werden:

An die Stadt ...
Jugendamt

Betrifft: Verletzung der elterlichen Aufsichtspflicht von Herrn und Frau ...

Sehr geehrte Damen und Herren,

als Nachbarn beobachten wir seit Monaten, daß die Kinder der Familie X immer mehr verwahrlosen. Die Kinder tragen seit Wochen dieselbe Kleidung und sind total verschmutzt. Des weiteren machen die Kinder einen vollkommen verhaltensgestörten Eindruck. Die Kinder reagieren überhaupt nicht, wenn man sie anspricht. Unserer Meinung nach sind die drei Kinder der Familie X zwischen 2 und 7 Jahre alt. Wir haben auch beobachtet, daß die Kinder vollkommen allein zu später Nachtzeit (1:00 Uhr) auf der Straße umhergelaufen sind. Unsererseits besteht auch die Vermutung, daß die Eltern möglicherweise die Kinder mißhandeln. Wir möchten uns über das Verhalten von Herrn und Frau X beschweren und bitten Sie, unsere Beobachtungen zu prüfen und gegebenenfalls die erforderlichen Schritte einzuleiten.

Mit freundlichen Grüßen

Erbrecht/Testamentsvollstrecker

Nach dem deutschen Erbrecht kann zur Abwicklung des Nachlasses vom Erblasser ein sogenannter Testamentsvollstrecker eingesetzt werden. Dies geschieht entweder dadurch, daß der Erblasser selbst eine Person benennt, die das Testamentsvollstreckeramt übernehmen soll, oder falls keine konkrete Person benannt ist, kann das Nachlaßgericht einen Testamentsvollstrecker ernennen. Dem Testamentsvollstrecker fällt dann die Aufgabe zu, den Nachlaß zu verwalten. Dies bedeutet nicht nur eine große Verantwortung, sondern auch eine fast uneingeschränkte Verfügung über den Nachlaß. Aus diesem Grunde verwundert es nicht, daß es häufig zwischen den Erben und dem Testamentsvollstrecker zu Streitigkeiten über die Art und Weise der Verwaltung des Nachlasses kommt. Leider trifft es auch häufig zu, daß der Testamentsvollstrecker nicht kompetent genug ist, um den Nachlaß ordnungsgemäß zu verwalten. Nach § 2227 BGB besteht daher die Möglichkeit, sich beim Nachlaßgericht über die Art und Weise der Testamentsvollstreckung zu beschweren und die Entlassung des Testamentsvollstreckers wegen einer Pflichtverletzung oder wegen Unfähigkeit zur ordnungsgemäßen Geschäftsführung zu beantragen. Eine Beschwerde könnte wie folgt formuliert werden:

An das Nachlaßgericht

Betrifft: Testamentsvollstreckung, Nachlaß von ..., Grobe Pflichtverletzung

Sehr geehrte Damen und Herren,

als Erbe der verstorbenen Frau ... beschwere ich mich hiermit über den Testamentsvollstrecker Herrn X. Meiner Beschwerde liegt folgender Sachverhalt zugrunde: Trotz mehrfacher Aufforderung hat mir der Testamentsvollstrecker Herr X erst ca. nach einem Jahr eine Vermögensaufstellung des Nachlasses meiner verstorbenen Tante, Frau ..., zukommen lassen. Bei dieser Aufstellung mußte ich feststellen, daß etwa ein Geldbetrag von 50.000 DM, den die Erblasserin meines Wissens zu Hause in ihrem Tresor aufbewahrte, nicht aufgelistet war. Nachdem ich den Testamentsvollstrecker zur Rede gestellt hatte und auf Auskunft drängte, was mit dem Betrag geschehen sei, teilte er mit, daß er diesen Betrag im Rahmen eines Spekulationsgeschäftes, das ihm von einem Finanzberater empfohlen worden ist, verloren hat. Der Testamentsvollstrecker hat damit gegen seine Pflichten zur ordnungsgemäßen Verwaltung aufs gröbste verstoßen. Ich kann nicht akzeptieren, daß der Nachlaß weiterhin derartig inkompetent verwaltet wird. Ich beantrage daher, den Testamentsvollstrecker unverzüglich seines Amtes zu entheben und ihn zu entlassen. Weiterhin ist zu prüfen, ob gegen den Testamentsvollstrecker auch strafrechtliche Schritte wegen Unterschlagung und Veruntreuung einzuleiten sind.

Mit freundlichen Grüßen

Falsche Auskunft/Beamter

Ein Beamter muß Ihnen eine richtige Auskunft erteilen. Er haftet gegebenenfalls für die falsche Auskunft. Haben Sie eine falsche Auskunft erhalten, können Sie sich wie folgt beschweren:

An die
Baubehörde der Stadt ...

Auskunft über die Bebaubarkeit des Grundstücks ... durch den Beamten ...

Sehr geehrte Damen und Herren,

am ... war ich in der vorgenannten Behörde. Ich erhielt von dem oben bezeichneten Beamten die Auskunft, daß das Grundstück, das ich kaufen wollte, 100%ig Bauland sei. Ich habe daraufhin, im Vertrauen auf diese Auskunft, das Grundstück gekauft. Nunmehr stelle ich fest, daß das Grundstück keineswegs Bauland ist. Ich möchte mich über das Verhalten des Beamten hiermit beschweren und bitte, mir mitzuteilen, wie Sie den Schaden wiedergutmachen wollen.

Mit freundlichen Grüßen

Fernsehsender/Schlechtes Programm

Wie oft ärgert man sich über ein schlechtes Fernsehprogramm oder über eine Fernsehsendung, die die Grenze des guten Geschmacks bei weitem überschritten hat. Damit insbesondere die Programmdirektoren einmal darauf aufmerksam gemacht werden, daß sie den Zuschauer nicht für dumm verkaufen können oder daß sie mit ihrer Programmgestaltung fernab vom Publikumsgeschmack liegen, sollten Sie sich nicht scheuen, eine entsprechende Beschwerde an den jeweiligen Fernsehsender zu schicken. Eine Beschwerde könnte wie folgt formuliert werden:

An den Fernsehsender ...
z. Hd. des Programmdirektors

Betrifft: Sendung vom ...

Sehr geehrter Herr Programmdirektor,

am ... sah ich in die von Ihrem Sender ausgestrahlte Sendung .... Über die Art und Weise der Berichterstattung möchte ich mich mit Nachdruck beschweren. Nicht nur, daß der Bericht unglaublich schlecht recherchiert war, sondern auch die Darstellung in den Bildern entspricht in keiner Weise der Wirklichkeit. Durch bewußte Falschinformation durch den Redakteur dieses Berichtes soll offensichtlich der Eindruck erweckt werden, daß die Situation im Land ... gar nicht so schlimm ist, wie es in der Presse und in den anderen Medien dargestellt wird. Im Interesse einer sachgerechten und objektiven Berichterstattung sollten Sie den Redakteur dieses Berichtes zur Verantwortung ziehen und eine Richtigstellung veranlassen. Sollten Sie eine derartige Berichterstattung weiter zulassen, oder sollte ich wieder mit derartig unqualifizierten Sendungen berieselt werden, so werde ich Ihren Sender nicht mehr einschalten.

Mit freundlichen Grüßen

Finanzamt

Wenn Sie bezüglich der Bearbeitung Ihrer Steuersachen Probleme haben, so können Sie sich beim Finanzamt beschweren. Sie können sich aber auch beim Bundesminister der Finanzen über eine ungerechte Behandlung beschweren. Eine Beschwerde würde folgendermaßen aussehen:

An den
Bundesminister der Finanzen
Graurheindorfer Str. 108
53117 Bonn

Sehr geehrter Herr Bundesminister,

bei der Behandlung meiner Steuersache hat das Finanzamt ... folgende wichtige Punkte übersehen: ...
Ich fühle mich bezüglich des Bescheids, den ich Ihnen in Kopie vorlege, ungerecht behandelt und bitte die Angelegenheit zu überprüfen.

Mit freundlichen Grüßen

Finanzamt/Einkommenssteuer

Der schwer durchdringbare Steuerdschungel in Deutschland führt dazu, daß auch auf seiten der Finanzämter häufig Positionen im Rahmen der Einkommenssteuerermittlung übersehen oder nicht anerkannt werden. Sollten Sie der Meinung sein, daß das Finanzamt Ihre Einkommenssteuer falsch berechnet hat oder zu Unrecht Positionen, die Sie steuermindernd geltend gemacht haben, abgezogen hat, so sollten Sie sich dagegen zur Wehr setzen. Beachten Sie, daß hier Fristen einzuhalten sind. Die Steuerbescheide, die Sie vom Finanzamt bekommen, enthalten regelmäßig eine Rechtsbehelfsbelehrung. Dies bedeutet, daß Sie darüber in Kenntnis gesetzt werden, wie und innerhalb welcher Frist Sie gegen den erhaltenen Bescheid vorgehen können. Ein Beschwerdeschreiben an das Finanzamt könnte wie folgt formuliert werden:

An das Finanzamt ...

Betrifft: Steuer-Nr. ..., Einkommenssteuerbescheid für ... vom ..., Zugang am ...

Sehr geehrte Damen und Herren,

hiermit beschwere ich mich über den o. g. Einkommenssteuerbescheid vom ... und lege gleichzeitig Einspruch ein. Ich beantrage, den Einkommenssteuerbescheid um DM ... herabzusetzen.
Der Einkommenssteuerbescheid ist fehlerhaft. Es wurde nicht berücksichtigt, daß von der Steuer im Rahmen der Werbungskosten die Kosten für mein Arbeitszimmer abzusetzen sind. Als Software-Berater bin ich fast ausschließlich zu Hause tätig und habe dort auch mein Arbeitszimmer, das ich ausschließlich zu beruflichen Zwecken nutze. Die Kosten für das Arbeitszimmer, die ich aus der Miete anteilig herausgerechnet und mit DM 4.800,- beziffert habe, hätten bei der Berechnung der Einkommenssteuer berücksichtigt werden müssen. Warum dies nicht geschehen ist, ist mir unverständlich. Ich bitte daher um Prüfung und um entsprechende Herabsetzung der Einkommenssteuer.

Mit vorzüglicher Hochachtung

Finanzamt/Erbschaftssteuer

Als Erbe sind Sie grundsätzlich verpflichtet, Erbschaftssteuer zu bezahlen, die sich aus dem Wert des Nachlasses berechnet. Die Berechnung der Erbschaftssteuer ist aufgrund der Vielzahl von Bewertungsvorschriften und gerichtlichen Vorschriften nicht ganz einfach. Es kommt daher nicht selten vor, daß von seiten der Finanzämter Falschberechnungen bzw. fehlerhafte Berechnungen der Erbschaftssteuer vorgenommen werden. In einem solchen Falle sollten Sie sich sofort gegenüber dem zuständigen Finanzamt beschweren und eine Herabsetzung der Erbschaftssteuer beantragen. Ein Beschwerdeschreiben an das zuständige Finanzamt könnte wie folgt formuliert werden:

An das Finanzamt ...

Betrifft: Steuernummer ..., Erbschaftssteuerbescheid vom ..., zugegangen am ....

Sehr geehrte Damen und Herren,

hiermit beschwere ich mich über den o. g. Erbschaftssteuerbescheid vom ... und lege gleichzeitig Einspruch gegen diesen Bescheid ein.
Der Bescheid geht von falschen Vorgaben aus. Der Wert der vererbten Antiquitäten ist unrichtig festgestellt. Wir verweisen in diesem Zusammenhang auf das beigefügte Gutachten des öffentlich bestellten und vereidigten Sachverständigen, Herrn ...
Ich bitte um Neuberechnung des Nachlasses unter Einbeziehung dieses Gutachtens und um Neufestsetzung der Erbschaftssteuer.

Mit vorzüglicher Hochachtung

Finanzamt/Grunderwerbssteuer

Beim Kauf von Immobilien fällt grundsätzlich die sogenannte Grunderwerbssteuer an. Diese ist grundsätzlich vom Käufer der Immobilie zu bezahlen. Die Höhe der Grunderwerbssteuer bemißt sich nach der Höhe des Kaufpreises. Die Grunderwerbssteuer beträgt derzeit 3,5 % des Kaufpreises. Häufig kommt es aber im Rahmen einer Kaufvertragsabwicklung zu einer Minderung des Kaufpreises oder gar zu einer Rückabwicklung des Kaufvertrages. In diesem Falle kann es sein, daß entweder festgesetzte Grundsteuer zu reduzieren ist oder überhaupt keine Grunderwerbssteuer festgesetzt werden kann. Sollten Sie der Auffassung sein, daß der Grunderwerbssteuerbescheid, den Sie vom Finanzamt erhalten haben, nicht korrekt ist, so sollten Sie sich hier gegenüber dem Finanzamt beschweren. Eine Beschwerde könnte wie folgt formuliert werden:

An das Finanzamt ...

Betrifft: Grunderwerbssteuerbescheid vom ..., Geschäftszeichen: ..., zugegangen am ...

Sehr geehrte Damen und Herren,

hiermit möchte ich mich über die Höhe des Grunderwerbssteuerbescheids vom ... beschweren und lege gleichzeitig Einspruch gegen den Grunderwerbssteuerbescheid ein.
Die Berechnung der Grunderwerbssteuer ist unrichtig. Richtig ist zwar, daß ursprünglich der Kaufpreis DM 500.000,- betragen hat. Aufgrund der zahlreichen Mängel, die im nachhinein an dem gekauften Haus festgestellt wurden, wurde mit Nachtragsurkunde des Notars ... vom ... der Kaufpreis auf DM 250.000,- reduziert. Ich beantrage daher neue Festsetzung der Grunderwerbssteuer auf der Basis des neu vereinbarten Kaufpreises.

Mit vorzüglicher Hochachtung

Finanzamt/Untätigkeitsbeschwerde

Ist man in der Regel froh, daß man vom Finanzamt in Ruhe gelassen wird, so gibt es doch Situationen, in denen man dringend eine Entscheidung der Finanzbehörde benötigt. Sollten Sie einen Antrag oder ein Rechtsmittel an das Finanzamt gerichtet haben und sollte das Finanzamt nicht innerhalb angemessener Frist entschieden haben, so sollten Sie sich hierüber sofort beschweren. Die sogenannte Untätigkeitsbeschwerde, die seit dem 1.1.1996 als sogen. Einspruch im Sinne der Abgabenordnung behandelt wird, könnte wie folgt formuliert werden:

An das Finanzamt ...

Betrifft: Steuer-Nr. ..., Steuerpflichtiger ..., Bezug: Erlaßantrag vom ...
Beschwerde wegen Untätigkeit

Sehr geehrte Damen und Herren,

hiermit beschwere ich mich darüber, daß über meinen Steuererlaßantrag vom ... noch nicht entschieden ist. Mittlerweile sind mehr als fünf Monate vergangen, und mir liegt noch immer keine Entscheidung vor. Da ich im Rahmen meiner geschäftlichen Disposition dringend darauf angewiesen bin zu erfahren, ob dem Erlaßantrag stattgegeben wird oder nicht, fordere ich Sie hiermit auf, unverzüglich eine rechtsbehelfsfähige Entscheidung zu erlassen.

Mit vorzüglicher Hochachtung

Fluggesellschaft

Die überdimensionalen Wartezeiten bei manchen Flügen führen zu berechtigter Verärgerung der Flugpassagiere. Lassen Sie sich derartige Wartezeiten nicht gefallen und zeigen Sie anhand von Beschwerden, daß Sie als Verbraucher nicht jede unzumutbare Behandlungsweise hinnehmen. Auch wenn solche Wartezeiten mit der Sicherheit der Fluggäste entschuldigt werden, sind sie dennoch unzumutbar, weil die Sicherheit der Fluggäste eine Selbstverständlichkeit ist.

An die Fluggesellschaft ...

Ihr Linienflug am ... von Köln nach München um ... Uhr

Sehr geehrte Damen und Herren,
ich möchte mich über den vorgenannten Flug beschweren. Bei der Buchung dieses Fluges in Köln hatte ich der Dame in der Buchungsstelle ausdrücklich gesagt, daß ich pünktlich in München ankommen müsse, und gefragt, ob Bedenken bezüglich der pünktlichen Ankunft bestünden. Mir wurde gesagt, daß um diese Zeit jede Maschine pünktlich ankomme. Im Endergebnis war es so, daß Ihre Maschine eine Stunde über München kreisen mußte und ich deshalb sämtliche Anschlußflüge sowie Termine verpaßte. Dies lapidar mit der Sicherheit der Fluggäste zu entschuldigen, halte ich für eine Unverfrorenheit. Es gibt wohl kaum einen Dienstleistungsbereich, in dem man mit einer derartig grandiosen Ausrede seine Leistungsverzögerungen entschuldigt.

Hochachtungsvoll

Friedhof/verwahrloster Zustand

Das Bestattungswesen so wie auch die Verwaltung von Friedhöfen ist mit einigen Ausnahmen meist Sache der kommunalen Verwaltungen. Leider stellt man allzu häufig fest, daß Friedhöfe nicht richtig gepflegt sind und einen unansehnlichen Anblick bieten. Dies liegt aber meist daran, daß die Gräber der Verstorbenen von den Hinterbliebenen nicht richtig gepflegt werden, sondern über Jahre hinweg verwahrlosen. Sie sollten sich daher unverzüglich bei der Friedhofsverwaltung beschweren, wenn Sie feststellen, daß beispielsweise das Grab, das sich neben dem Grab Ihrer Angehörigen befindet, verwahrlost. Die Friedhofsverwaltung ist dann gehalten, gegen den Störer vorzugehen. Eine Beschwerde könnte wie folgt formuliert werden:

An die Stadtverwaltung ...
Abteilung Friedhofswesen

Betrifft: Verwahrloste Grabstelle, Grab-Nr. ...

Sehr geehrte Damen und Herren,

hiermit möchte ich mich über den Zustand des Grabes Nr. ..., das sich neben dem Grab meines verstorbenen Mannes befindet, beschweren. Seit Jahren wird dieses Grab nicht mehr gepflegt. Die Grabstelle ist vollkommen mit Unkraut überwuchert. Darüber hinaus mußte ich feststellen, daß der Grabstein ganz locker auf dem Sockel sitzt. Es besteht erhebliche Verletzungsgefahr, wenn dieser Grabstein unvermittelt herabstürzt. Ich darf Sie bitten, gegen die Besitzer des Grabes vorzugehen und diese zu einer ordentlichen Pflege des Grabes zu veranlassen.

Mit freundlichen Grüßen

Friseur

Sie brauchen sich ein Mißlingen Ihrer Frisur nicht gefallen zu lassen. Wenden Sie sich an die zuständige Friseurinnung und lassen Sie das „Meisterwerk" überprüfen. Eine Beschwerde würde folgendermaßen aussehen:

An die
Innung des Friseurhandwerkes

Haarschnitt vom ... der Friseurfirma ...

Sehr geehrte Damen und Herren,

ich bitte dringend um einen Termin, damit die Frisur begutachtet werden kann, die der vorgenannte Friseurmeister am .... vollbrachte. Ich bin der Ansicht, daß die Haare total verschnitten sind und daß es sich hier um eine grobe Nachlässigkeit im Rahmen der Berufstätigkeit des Friseurs handelt.

Hochachtungsvoll

Gaststätte

Für den Betrieb einer Gaststätte braucht man eine Konzession nach dem Gaststättengesetz. Diese Konzession ist zumeist mit einer Fülle von Auflagen verbunden. Wenn Sie sich in oder wegen einer Gaststätte geärgert haben, brauchen Sie sich dies nicht gefallen zu lassen. Liegen die Beschwerden im hygienischen Bereich, können Sie sich an das Gesundheitsamt wenden. Liegen die Beschwerden im organisatorischen Bereich, können Sie sich an das zuständige Gewerbeaufsichtsamt wenden, das für die Überprüfung von Gaststätten zuständig ist. Bei erheblichen Verstößen gegen das Gaststättengesetz droht dem Gastwirt die Entziehung der Gaststättenkonzession. Eine Beschwerde würde folgendermaßen aussehen:

An das
Gewerbeaufsichtsamt der Stadt ...

Sehr geehrte Damen und Herren,

vorgenannte Gaststätte verursacht für mich als Anlieger erhebliche Einschränkungen der Lebensqualität. Die Gaststätte ist bis morgens 4.00 Uhr geöffnet. Ich möchte mich hierüber beschweren und bitte, mir mitzuteilen, ob überhaupt eine dementsprechende Gaststättenkonzession vorliegt. Des weiteren war ich selbst einmal Gast in der Gaststätte und bin empört über die Qualität des Essens. Ich bitte, die Gaststätte auch vom gesundheitlichen Standpunkt her zu überprüfen. Die Essen sind auf unsauberen Tellern hereingebracht worden. Um gesundheitliche Schäden zu verhindern, beantrage ich ein sofortiges Einschreiten.

Mit freundlichen Grüßen

Verdorbene Nahrungsmittel in Gaststätten oder im Einzelhandel brauchen Sie natürlich ebenfalls nicht anstandslos hinzunehmen. Beschweren Sie sich diesbezüglich einfach beim Gesundheitsamt. Eine Beschwerde würde folgendermaßen aussehen:

An das
Gesundheitsamt der Stadt ...

Beschwerde über das Fischgeschäft ...

Sehr geehrte Damen und Herren,

am ... habe ich in dem vorgenannten Fischladen laut beiliegender Rechnung drei Kilo Seefisch gekauft. Ich sende Ihnen eine Probe des Fisches, weil ich glaube, daß dieser ungenießbar ist. Ich bitte um Überprüfung.

Mit freundlichen Grüßen

Gastwirt/Gaststättenverordnung

Die Gaststättenverordnung sieht die Möglichkeit einer Beschwerde gegen den Gastwirt vor, wenn dieser unzuverlässig ist. Die Konsequenz kann sein, daß bei einem erheblichen Verstoß dem Gastwirt die Entziehung der Gaststättenkonzession droht.
Die Beschwerde ist an das für die Überprüfung der Gaststätte zuständige Gewerbeaufsichtsamt zu richten. Eine Beschwerde würde folgendermaßen aussehen:

An das Gewerbeaufsichtsamt der Stadt ...

Betrifft: Gaststätte ... in ...

Sehr geehrte Damen und Herren,

vor 3 Tagen war ich Gast in der Gaststätte ... in der ... Straße.
Ich habe dort beobachtet, daß der Gastwirt, der selbst hinter der Theke stand, seine Gäste so zum Trinken animierte, daß diese nach etwa 3 Stunden vollkommen betrunken waren. Als die Gäste schließlich nach Hause fahren wollten, wurden sie von dem Gastwirt noch zu ihren Fahrzeugen gebracht. Der Gastwirt fragte dabei nicht nach, ob die Gäste überhaupt noch fahrtüchtig seien. Des weiteren hat der Gastwirt, der offensichtlich selbst stark alkoholisiert war, nichts unternommen, um die Gäste am Autofahren zu hindern. Das Verhalten des Gastwirts ist absolut erschreckend. Ich bitte dringend darum, den Gastwirt Herrn Y auf seine Zuverlässigkeit hin zu überprüfen, gegebenenfalls eine Entziehung der Konzession durchzuführen. Ich und mein Bekannter Z stehen Ihnen gerne als Zeugen für diesen Vorfall zur Verfügung.

Mit freundlichem Gruß

Gebrauchtwagen/Zusicherung

In Deutschland wechseln jährlich Tausende von Kraftfahrzeugen den Besitzer. Leider kommt es oftmals vor, daß das Vertrauen, das man dem Verkäufer eines gebrauchten Fahrzeuges entgegenbringt, mißbraucht wird. So werden oftmals Zusicherungen gemacht, die dem tatsächlichen Zustand des Fahrzeuges in keiner Weise entsprechen. Sollten Sie kurz nach dem Kauf feststellen, daß die zugesicherte Eigenschaft oder eine andere Zusicherung wie beispielsweise die Laufleistung gemäß Tachostand fehlt, so sollten Sie sich sofort gegenüber dem Verkäufer beschweren und ihm mitteilen, daß Sie entweder die Rückgängigmachung des Kaufvertrages wünschen oder Minderung des Kaufpreises.
In jedem Falle sollten Sie sich rechtlich genau beraten lassen, bevor Sie Ihre Ansprüche geltend machen. Ein Beschwerdeschreiben an den Verkäufer könnte wie folgt formuliert werden:

An Herrn ...

Betrifft: Kraftfahrzeugkauf vom vergangenen Samstag – Pkw Typ ...

Sehr geehrter Herr ...,

am Samstag habe ich von Ihnen den Pkw Typ ... zu einem Preis von DM 20.000,- gekauft. Die Zusicherung, die Sie mir vor Zeugen gemacht haben, nämlich, daß das Fahrzeug bislang nur eine Laufleistung von 45.000 km laut Tacho hätte, war falsch. Nach Überprüfung in einer Fachwerkstätte wurde festgestellt, daß mit dem Fahrzeug bereits 145.000 km zurückgelegt worden sind. Damit ist die von Ihnen gemachte Zusicherung wahrheitswidrig. Ich behalte mir das Recht zur Wandlung bzw. das Recht zur Minderung vor. Ich werde mich diesbezüglich noch rechtlich beraten lassen.
Wenn ich gewußt hätte, daß die von Ihnen gemachten Angaben nicht stimmen, so hätte ich das Fahrzeug überhaupt nicht erworben. Ich behalte mir auch noch die Erstattung einer Strafanzeige wegen Betrugs (§ 63 StGB) vor.

Hochachtungsvoll

Gerichtskosten/falsche Festsetzung

Nach Abschluß eines Gerichtsverfahrens müssen die Kosten abgerechnet werden, die in diesem Verfahren angefallen sind. Zu diesem Zweck wird ein sogenanntes Kostenfestsetzungsverfahren durchgeführt. Es kann hier in der Regel die Partei, die einen Rechtsstreit gewonnen hat, verlangen, daß sämtliche Kosten, die hier entstanden sind, festgesetzt werden, damit sie gegenüber der Partei, die den Rechtsstreit verloren hat, geltend gemacht werden können. Da das Kostenfestsetzungsverfahren nicht immer ganz einfach ist, empfiehlt es sich, genau zu prüfen, ob hier alle Positionen berücksichtigt worden sind. Sollten Sie feststellen, daß der Kostenfestsetzungsbeschluß, der über die Kosten ergeht, unrichtig ist oder auf falschen Vorgaben beruht, so müssen Sie sich innerhalb einer Frist von 2 Wochen nach Erhalt dieses Beschlusses beim Gericht beschweren. Eine Beschwerde könnte wie folgt begründet werden:

An das Amtsgericht in ...

Betrifft: Az.: ..., Rechtsstreit X gegen Y, Beschwerde gegen Kostenfestsetzungsbeschluß

Sehr geehrte Damen und Herren,

hiermit lege ich Beschwerde gegen den Kostenfestsetzungsbeschluß vom ..., zugestellt am ... ein.
Ferner beantrage ich die Festsetzung weiterer Kosten in Höhe von DM 300...
Für die Reise von München nach Hamburg, zum Kostenfestsetzungsbeschluß vom ..., zu dem ich als Kläger persönlich geladen worden bin, entstanden insgesamt Fahrtkosten in Höhe von DM 400.-. Die Anreise erfolgte mit der Bahn, 2. Klasse.
Die Bahnkarten habe ich dem Kostenfestsetzungsantrag beigefügt.
Es wurde aber leider nur der Preis für die einfache Fahrt München-Hamburg angesetzt. Tatsächlich hätte aber auch noch der Betrag für die Rückreise in Ansatz gebracht werden müssen. Ich bitte daher um Korrektur des Kostenfestsetzungsbeschlusses und um Hinzusetzung der Kosten für die Rückfahrt vom Gerichtstermin von Hamburg nach München.

Mit vorzüglicher Hochachtung

Gerichtstermin

Sie brauchen sich vom Gericht nicht jede Terminsetzung gefallen zu lassen. Sie können sich gegen jeglichen Gerichtstermin beschweren. Wenn Sie einen triftigen Grund haben, sollten Sie auch im Rahmen der Beschwerde gleich die Beweismittel dafür vorlegen, warum der Termin verlegt werden soll. Eine Beschwerde gegen eine Terminanberaumung würde folgendermaßen aussehen:

An das
Amtsgericht ...

Terminierung meiner Arbeitsgerichtssache auf den ...

Sehr geehrte Damen und Herren,

über die Terminierung meiner Arbeitsgerichtssache auf den ... möchte ich mich hiermit nochmals beschweren und beantrage eine Terminaufhebung. Ich hatte schon beim ersten Termin gesagt, daß mir diese Terminierung nicht gelegen kommt, weil ich eine Urlaubsreise gebucht habe und die Buchung schon einige Monate vor der Gerichtsverhandlung stattfand. In der Anlage erhalten Sie die Buchungsbestätigung mit dem Antrag, den Termin aufzuheben bzw. mich von meinem persönlichen Erscheinen zu entbinden.

Hochachtungsvoll

Gerichtsvollzieher

Die Zwangsvollstreckung aus Urteilen und anderen Titeln wird, soweit nichts anderes bestimmt ist, durch die Gerichtsvollzieher im Auftrag der Gläubiger durchgeführt. Die Gerichtsvollzieher handeln hierbei innerhalb des Spielraums der gesetzlichen Vorschriften nach pflichtgemäßem Ermessen. Leider kommt es immer wieder vor, daß Gerichtsvollzieher untätig bleiben und die Vollstreckung aus Titeln unangemessen lange hinauszögern. So ist es keine Seltenheit, wenn man auf die Vollstreckung eines Räumungsurteils durch den Gerichtsvollzieher mehr als 2-3 Monate warten muß.
Sollte der Gerichtsvollzieher innerhalb angemessener Zeit (etwa 2-3 Monate) nicht tätig geworden sein, so empfiehlt es sich dringend, mit einer Dienstaufsichtsbeschwerde gegen den Gerichtsvollzieher vorzugehen. Zuständig ist hierfür das jeweilige Amtsgericht und dessen Bezirk, wo der Gerichtsvollzieher tätig ist. Eine Beschwerde könnte wie folgt formuliert werden:

An das Amtsgericht ...

Betrifft: Dienstaufsichtsbeschwerde gegen Herrn Gerichtsvollzieher ...

Sehr geehrte Damen und Herren,

hiermit beschwere ich mich im Wege der Dienstaufsichtsbeschwerde über das Verhalten des Gerichtsvollziehers, Herrn ....
Vor ca. sechs Monaten übergab ich Herrn Gerichtsvollzieher ... eine vollstreckbare Ausfertigung eines Räumungsurteils vom .... Bis heute erfolgte jedoch weder eine Räumung der Wohnung noch hat der Gerichtsvollzieher mitgeteilt, wann er eine Räumung durchzuführen gedenkt. Auch mehrfache Anfragen beim Gerichtsvollzieher blieben erfolglos, da der Gerichtsvollzieher wöchentlich nur eine Stunde am Dienstagnachmittag Sprechstunde hat. Die Telefonleitung ist ständig besetzt. Und so warte ich seit Monaten auf die Vollstreckung aus dem Titel. Der Mieter, der wegen der Untätigkeit des Gerichtsvollziehers noch immer in der Wohnung wohnt, hat seit über einem Jahr keine Mietzahlung geleistet. Ich behalte mir vor, den Schaden in Form von Mietausfällen, der mir durch die Untätigkeit des Gerichtsvollziehers entsteht, geltend zu machen. Ich bitte um unverzügliches Einschreiten gegen den Gerichtsvollzieher, Herrn ...

Mit freundlichen Grüßen

Geschwindigkeitsbegrenzung

Als Anlieger einer Straße außerhalb geschlossener Ortschaften sind Sie beim Ausfahren vom Grundstück auf die Straße erheblichen Gefahren durch zu schnell fahrende Fahrzeuge ausgesetzt. Die Unfallgefahr kann jedoch wesentlich reduziert werden, wenn die vorbeifahrenden Autofahrer zu einer Reduzierung der Geschwindigkeit angehalten werden. Das Anbringen jeglicher Verkehrsschilder ist ausschließlich Sache der Straßenverkehrsbehörde. Außerhalb geschlossener Ortschaften ist hierfür regelmäßig die Kreisverwaltung bzw. das Landratsamt zuständig. Eine Beschwerde würde wie folgt lauten:

An die Kreisverwaltungsbehörde
Abteilung: Straßenverkehrsamt

Betrifft: Geschwindigkeitsbegrenzung auf der X- Straße, von Y nach Z, Höhe Hausnummer 37

Sehr geehrte Damen und Herren,

als Anlieger an der Kreisstraße von Y nach Z muß ich feststellen, daß aufgrund des zunehmenden Verkehrs eine Ausfahrt von meinem Grundstück auf die Kreisstraße nur mit erheblichen Gefahren für Leib und Leben möglich ist. Da im Bereich meiner Ausfahrt keine Geschwindigkeitsbegrenzung gegeben und außerdem der gesamte Ausfahrtsbereich durch eine Rechtskurve unübersichtlich ist, ist es erforderlich, zur Vermeidung von Unfällen die Geschwindigkeit im Bereich 300 Meter vor und 300 Meter nach der Grundstücksausfahrt in beiden Fahrtrichtungen auf eine Höchstgeschwindigkeit von 60 km/h zu beschränken. Es wäre auch sinnvoll, ein Schild anzubringen mit dem Hinweis „ Achtung Ausfahrt".

Mit freundlichen Grüßen

Grundbuch/Verweigerung der Akteneinsicht

Manchmal erscheint es zweckmäßig, sich über den Stand der Eintragungen im Grundbuch zu informieren. Ist man beispielsweise Erbe geworden oder ist man Mieter in einem Hause, das verkauft worden ist, so möchte man gern über den Stand des Grundbuches oder über die Person des Käufers informiert sein. Das Recht zur Einsichtnahme in das Grundbuch steht aber nicht jedermann offen. Erforderlich ist ein sogenanntes berechtigtes Interesse an der Einsicht. Sollte man Ihnen beim Grundbuchamt die Einsicht verweigern, so können Sie sich hiergegen beschweren. In dieser Beschwerde sollten Sie aber Ihr berechtigtes Interesse zur Einsichtnahme darlegen. Die Einsicht in das Grundbuch ist beim Urkundsbeamten der Geschäftsstelle des Grundbuchamtes zu beantragen, lehnt dieser ab, so ist Beschwerde an den Grundbuchrichter zu richten. Eine Beschwerde könnte wie folgt formuliert werden:

An das Amtsgericht
z. Hd. des Grundbuchrichters

Betrifft: Verweigerung der Akteneinsicht

Sehr geehrter Herr Richter ...,

hiermit beschwere ich mich über die Verweigerung der Akteneinsicht in das Grundbuch für das Haus Müllerstraße 10, Grundbuch Band ..., Flurstück-Nr. ..., in ... Ich bin seit 20 Jahren Mieter im Hause Müllerstraße 10. Von der Hausverwaltung wurde ich vor einem Monat darüber informiert, daß das Haus verkauft worden ist und ein Eigentümerwechsel stattgefunden hat. Obwohl ich mich mehrfach bei der Hausverwaltung erkundigt habe, wer nun das Grundstück erworben hat, erteilte man mir keine Auskunft. Da in meinem Badezimmer ein unverschuldeter Wasserschaden aufgetreten ist, muß ich diesen Schaden unbedingt dem neuen Hauseigentümer melden, damit der Schaden beseitigt wird und ich auch meine Minderungsansprüche geltend machen kann. Der zuständige Urkundsbeamte der Geschäftsstelle lehnte eine Akteneinsicht ab, da er meint, ein Mieter könne grundsätzlich keine Einsichtnahme in das Grundbuch nehmen. Es ist aber unrichtig. Ich habe aufgrund des vorstehenden Sachverhaltes ein Recht, das Grundbuch einzusehen, um festzustellen, wer neuer Eigentümer und damit auch neuer Vermieter des Hauses Müllerstraße 10 ist. Ich möchte mich nochmals ausdrücklich über die ablehnende Entscheidung des Urkundsbeamten beschweren und beantrage nochmals, Akteneinsicht zu gewähren.

Mit freundlichem Gruß

Grundstückseigentum/Überbau

Nicht selten kommt es vor, daß man als Grundstückseigentümer keine Kenntnis über den genauen Verlauf der Grundstücksgrenze hat. Baut nun ein Nachbar direkt an die Grenze, wie es beispielsweise häufig bei Garagen der Fall ist, so sollte man sich unbedingt genau über den Verlauf der Grundstücksgrenze in Kenntnis setzen lassen. Dies können Sie im für den Bezirk zuständigen Katasteramt tun. Sinnvoll wäre es auch zu prüfen, ob es Grenzmarkierungen, beispielsweise Grenzsteine, gibt.
Für den Fall, daß es zu einem Überbau über die Grenze durch den Nachbarn kommen sollte oder Sie einen Überbau vermuten, sollten Sie sich sofort darüber beschweren und Widerspruch gegen den Überbau erheben. Nur in diesem Falle haben Sie die Möglichkeit, daß Sie den Überbau später nicht dulden müssen. Der Widerspruch ist sofort gegenüber dem Nachbarn, der den Überbau ausführt, zu erheben. Ein Beschwerde- bzw. Widerspruchsschreiben könnte wie folgt formuliert werden:

An den Nachbarn

Betrifft: Verletzung der Grundstücksgrenze/Überbau

Sehr geehrter Herr ...,

heute nachmittag mußte ich feststellen, daß Sie direkt an der Grundstücksgrenze eine Garage errichten. Hiermit lege ich ausdrücklich Widerspruch gegen die Bauausführung ein. Ich fordere Sie auf, den Weiterbau sofort einzustellen. Der Garagenbau befindet sich etwa einen halben Meter auf meinem Grundstück. Damit liegt ein unzulässiger Überbau vor. Ich bin nicht bereit, diesen Überbau zu dulden, und fordere Sie nochmals auf, den Weiterbau der Garage auf meinem Grundstück einzustellen und die Grundstücksgrenze genau einzuhalten.

Mit freundlichen Grüßen

Haftpflichtversicherung/Vermieter

Es gibt Vermieter, denen der Zustand ihres Hauses anscheinend völlig egal ist. Auf Beschwerdeschreiben der Mieter reagieren sie überhaupt nicht. In der Praxis hat sich bewährt, ein Schreiben direkt an die Haftpflichtversicherung des Vermieters zu senden, das folgendermaßen formuliert sein könnte:

An die
Versicherungsgesellschaft ...

Mietobjekt in: ...
Vermieter und Eigentümer: ...

Sehr geehrte Damen und Herren,

wir sind Mieter der vorgenannten Wohnfläche in dem Haus des vorgenannten Eigentümers. Seit Monaten ist in diesem Haus eine besondere Gefährdung dadurch eingetreten, daß die Lichtleitungen aus den Wänden heraushängen und die Baustelle vor dem Haus nicht beseitigt wurde, womit eine erhöhte Unfallgefahr gegeben ist. Wir weisen Sie rein vorsorglich darauf hin und bitten Sie, den Vermieter auch von Ihrer Seite darauf aufmerksam zu machen, daß bei einem derartig grob fahrlässigen Zustand des Hauses ggf. der Versicherungsschutz entfällt.

Mit freundlichen Grüßen

Haftpflichtversicherung/Verweigerung der Zahlung

Wenn ein Schaden eingetreten ist, kann man sich glücklich schätzen, wenn man über eine entsprechende Haftpflichtversicherung verfügt. Leider lehnen aber viele Haftpflichtversicherungen eine Schadensregulierung mit der Begründung ab, daß der betreffende Schadensfall nicht von den Versicherungsbedingungen umfaßt wird. Ebenso stehen viele Haftpflichtversicherungen, insbesondere bei größeren Schäden, auf dem Standpunkt, daß derjenige, der Schadensersatz geltend macht, erst einmal den Klageweg beschreiten soll. Häufig zahlen Versicherungen erst nach erfolgreichem Abschluß eines Prozesses. Einen Rechtsstreit zu führen kostet aber Geld und Nerven, und aus diesem Grunde sollten Sie sich, falls von seiten der Haftpflichtversicherung mit fadenscheinigen Begründungen ein Schadensersatz abgelehnt wird, sofort beim Aufsichtsamt für das Versicherungswesen beschweren. Eine Beschwerde zur Verweigerung eines Haftpflichtschadens könnte wie folgt formuliert werden:

An das
Bundesaufsichtsamt für das Versicherungswesen
Ludwig-Kirch-Platz 3
10719 Berlin

Betrifft: Wohngebäudeversicherung bei der XY Versicherung, Ablehnung der Schadensregulierung

Sehr geehrte Damen und Herren,

hiermit möchte ich mich über die Art und Weise der Schadensregulierung beschweren, die von der XY Versicherung vorgenommen werden sollte. Der Mieter in meinem Hause hat im letzten Winter kurz vor seiner Reise versehentlich die Heizkörper voll abgedreht. Infolgedessen froren die Leitungen ein und zerplatzten. Dabei trat im erheblichen Umfang Wasser aus, durchnäßte die Decke und beschädigte die unterhalb dieser Wohnung gelegene Wohnung massiv.
Insgesamt beläuft sich der Schaden auf 15000.- DM. Er wurde der XY Versicherung gemeldet, bei der der Mieter haftpflichtversichert ist. Ein Gutachter der Versicherung kam nun überraschenderweise zu dem Ergebnis, daß der Schadenseintritt rein zufällig sei und mit dem Abdrehen der Heizkörper nichts zu tun hätte. Aus diesem Grunde lehnt die XY Versicherung auch die Regelung des Haftpflichtschadens ab.
Ein von mir privat in Auftrag gegebenes Gutachten kommt allerdings zu einem ganz anderen Ergebnis. Darin wird eindeutig festgestellt, daß die

Heizleitung deshalb zerplatzt ist, weil der Heizkörper abgedreht wurde. Es scheint so, daß sich die XY Versicherung ihrer Zahlungspflicht durch fadenscheinige Argumentation entziehen will. Ich darf Sie bitten, sich dieser Sache anzunehmen und massiv gegen die XY Versicherung vorzugehen.

Mit freundlichen Grüßen

Handelskauf

Nach § 377 Handelsgesetzbuch muß bei einem Handelsgeschäft (Handelsgeschäfte sind nach § 343 BGB alle Geschäfte eines Kaufmanns, die zum Betrieb seines Handelsgewerbes gehören) die Ware unverzüglich nach der Ablieferung geprüft und bei Mängeln sofort gerügt werden, sonst verliert der Käufer sämtliche Reklamationsrechte, die er an einer Ware hat. Eine Beschwerde würde folgendermaßen aussehen:

An die Firma ...

Handelskauf über die Ware ...

Sehr geehrte Damen und Herren,

wir erhielten heute die bei Ihnen bestellte Ware gemäß beiliegender Rechnungskopie. Die Ware ist mangelhaft. Sie enthält folgende Fehler: ...
Wir beschweren uns über die genannten Fehler und fordern Sie zur fehlerfreien Warenlieferung auf. Gem. § 379 BGB werden wir einstweilen die Ware aufbewahren und verlangen hierfür Lagergeld.

Hochachtungsvoll

Handelsvertreter

Der Zentralverband deutscher Handelsvertreter und Handelsmaklerverbände in der Geleniusstr. 1, 50931 Köln, ist die Dachorganisation der deutschen Handelsvertreter. Als Dachorganisation hat er u. a. die Aufgabe dafür zu sorgen, daß die ihm angeschlossenen Handelsvertreter ordnungsgemäß und seriös arbeiten. Soweit Sie durch die Tätigkeit eines Handelsvertreters persönlich betroffen sind, können Sie sich diesbezüglich an den Handelsvertreterverband wenden. Ein Beschwerdeschreiben würde folgendermaßen aussehen:

An die
Zentralvereinigung deutscher Handelsvertreter- und Handelsvertreterverbände (CDH)
Geleniusstr. 1
50931 Köln

Handelsvertreter der Firma ...

Sehr geehrte Damen und Herren,

Herr ... ist Handelsvertreter der Firma ... In seiner Eigenschaft als Handelsvertreter verspricht er Leistungen, die die vorgenannte Firma gar nicht mehr erbringen kann, weil sie im Vermögensverfall ist. Er kassiert für diese Leistungen vorab Provisionen von den Kunden, was ebenso unüblich ist. Ich bitte Sie, schnellstens einzuschreiten und sich an die zuständigen Organe, ggf. Staatsanwaltschaft, zu wenden, damit hier kein weiterer Schaden für das Berufsbild des Handelsvertreters entsteht.

Mit freundlichen Grüßen

Handwerker

Die Führung eines Handwerksbetriebes ohne Eintragung in die Handwerksrolle verstößt nach der Handwerksordnung gegen das Gesetz. Gegen ein derartiges Verhalten eines Handwerkers sollten Sie im Rahmen einer Beschwerde an die entsprechende Handwerkskammer vorgehen. Die Handwerkskammern sind an derartigen Verhaltensweisen von sog. selbsternannten Handwerkern interessiert und lassen von den Gewerbeaufsichtsämtern diese Tätigkeiten untersagen. Wenn Ihnen die Anschrift der regionalen Handwerkskammer nicht bekannt ist, wenden Sie sich diesbezüglich an den Zentralverband des deutschen Handwerks, Johanniterstr. 1, 53113 Bonn. Ein Schreiben könnte folgendermaßen aussehen:

An den
Zentralverband des deutschen Handwerks
Johanniterstr. 1
53113 Bonn

Handwerksrechnung der Firma ...
über die Verlegung einer Elektroleitung

Sehr geehrte Damen und Herren,

als Anlage erhalten Sie den Handwerkerauftrag und die Stundenzettel sowie die Rechnung, die mir die vorgenannte Handwerksfirma erstellt hat. Aus dem Briefkopf können Sie entnehmen, daß die vorgenannte Firma als Handwerksfirma auftritt, obwohl sie, wie ich erst jetzt durch Nachfrage bei der Gemeinde erfahren habe, nicht in die Handwerksrolle eingetragen ist. Die Stunden, die die Firma mir in Rechnung stellt, entsprechen den Stundensätzen eines Meisters aus dem Elektrohandwerk. Die gesamte Abrechnung ist fragwürdig, weil die vorgenannte Handwerksfirma als solche gar nicht auftreten kann. Es besteht für mich nunmehr auch die Gefahr, daß die Elektroleitung unfachmännisch verlegt worden ist. Bei Schadensfall kann die entsprechende Versicherung einen Haftungsausschluß erklären, weil es sich hier um keinen Fachbetrieb handelte.
Aus diesem Grunde bitte ich, anhand der Ihnen hiermit übersandten Unterlagen den Vorgang zu überprüfen. Ich habe die Unterlagen doppelt eingesandt, damit Sie diese an die regionale Handwerkskammer, die für mich zuständig ist, gegebenenfalls weiterleiten können.

Mit freundlichen Grüßen

Handwerker/Allgemeine Geschäftsbedingungen

Was wir Ihnen hier mitteilen, gilt im Prinzip für das gesamte Rechnungswesen. Es kann sich ein Vertragspartner nur auf allgemeine Geschäftsbedingungen berufen, wenn diese dem anderen Vertragspartner auch bekannt waren. Gerade im Handwerksbereich erleben wir vielfach, daß Handwerker sich auf allgemeine Geschäftsbedingungen berufen, aus denen sich Nachteile für den Kunden ergeben, obwohl der Kunde diese Bedingungen niemals gesehen hat. Wir haben ein Musterschreiben für einen derartigen Fall entworfen, das für den jeweiligen Einzelfall abgeändert werden kann.

An die
Fa. ..., (Straße, Ort)

Handwerkerleistung in ..., Straße ...
Handwerksrechnung vom ..., Auftrag vom ...

Sehr geehrte(r) Frau (Herr) ...

am ... hatte ich Ihnen persönlich und mündlich den Auftrag erteilt, die Reparatur der Waschmaschine in meiner Wohnung vorzunehmen. Ich habe nunmehr eine umfangreiche Rechnung erhalten. Nach dieser Rechnung muß ich innerhalb von 14 Tagen nach durchgeführter Reparatur irgendwelchen Mängeln widersprechen. Ich habe diese Rechnung aber erst nach vier Wochen erhalten, und die Geschäftsbedingungen befanden sich auf der Rückseite der Rechnung.
Des weiteren befinden sich in den Geschäftsbedingungen Klauseln, die ich niemals akzeptieren würde, ebensowenig die Tatsache, daß die Garantie für die Reparatur, obwohl mir mündlich ein Jahr zugesagt worden ist, auf sechs Monate begrenzt wurde. Ich bin mit diesen allgemeinen Geschäftsbedingungen nicht einverstanden. Sie konnten auch nicht Vertragsgegenstand werden, weil allgemeine Geschäftsbedingungen auf Reparaturrechnungen oder sonstigen Rechnungen nicht Vertragsbestandteil werden können. Allgemeine Geschäftsbedingungen müssen bei Abschluß des Vertrages vereinbart werden.
Insbesondere möchte ich mich bei der Rechnung über die Klausel beschweren, nach der jede angebrochene halbe Stunde als volle halbe Stunde in Rechnung gestellt wird. Ich verweise auf das Urteil des Landgerichts Düsseldorf vom 23.03.1987, AZ 1202922/87, das Sie sicherlich kennen und das eine derartige Handhabung verbietet. Ich erwarte innerhalb einer Frist von zwei Wochen eine Stellungnahme.

Hochachtungsvoll

Handwerker / Arbeitswerte

Einige Handwerker berechnen anstelle der Arbeitszeiten sog. Arbeitseinheiten oder Arbeitswerte. Hintergrund ist oftmals, daß derartige Rechnungen noch schwieriger zu überprüfen sind. Die Arbeitswerte berechnen sich nach einer gewissen Anzahl von Minuten. Manche Firmen teilen die Stunde in jeweils zehn Minuten auf. Die Stunde hat also sechs sog. Arbeitswerte. Der entsprechende Arbeitsgang der Handwerkerleistung wird bei derartigen Firmen dann einer festen Anzahl von Arbeitswerten zugeordnet. So kann z. B. eine Firma über diesen Trick für das Auswechseln einer Elektroplatte an einem Küchenherd drei Arbeitswerte = eine halbe Stunde ansetzen, weil dies nach ihrer Berechnung der für das Auswechseln notwendige Zeitraum ist. Auf der einen Seite kann dies für einen Kunden sehr vorteilhaft sein, wenn er vorab nur den betreffenden Arbeitswert vereinbart und der Monteur in Wirklichkeit langsamer arbeitet, weil dann eben nur der vereinbarte Arbeitswert bezahlt wird. Entscheidend ist allerdings immer, wie die Firma den Arbeitswert selbst kalkuliert, ob sie ihn also so ansetzt wie ein durchschnittlich schneller Monteur arbeitet, oder ob sie ihn besonders hoch ansetzt und davon ausgeht, daß ein durchschnittlicher Monteur die Arbeit in der Hälfte der Zeit durchführt. Eine Beschwerde bezüglich einer derartigen Arbeitswertberechnung würde folgendermaßen aussehen:

An die
Kundendienstfirma ... in ...

Kundendienst bezüglich der Reparatur einer Kochplatte an dem Herd der Firma ...

Sehr geehrte Damen und Herren,
in den allgemeinen Garantiebedingungen der vorgenannten Firma wurden Sie als Kundendienstfirma benannt. Es wurden uns seinerzeit schon die Kundendienstsätze mitgeteilt, die anhand von Arbeitswerten aufgeführt worden sind. Für das vorgenannte Auswechseln der Kochplatte stimmen die in der Rechnung angegebenen Arbeitswerte mit der tatsächlich geleisteten Stundenzahl nicht überein. Ich habe unter Zeugen die Zeit des Monteurs festgehalten und kann nachweisen, daß der Kundendienstmonteur die doppelte Zeit in Form von Arbeitswerten in Rechnung gestellt hat.
Ich ersuche Sie sofort um korrigierte Rechnung. Eine Abschrift dieses Schreibens geht an den Hersteller, damit er weiß, welche Probleme mit der Kundendienstfirma auftreten.

Mit freundlichen Grüßen

Handwerker/Fahrtzeit

Ein beliebter Trick bei unseriösen Handwerksfirmen ist es, den Kunden Fahrt- oder Wegezeiten zu berechnen, die nicht angefallen sind. Erkundigen Sie sich während der Handwerksleistung ruhig einmal, wohin der Monteur noch fahren wird und woher er kommt. Hat der Monteur z. B. irgendein Werkzeug vergessen, dann müssen Sie selbstverständlich eine entsprechende Fahrtzeit nicht bezahlen.
Ein weiterer Trick unseriöser Handwerksfirmen liegt darin, daß sie in ihren allgemeinen Geschäftsbedingungen die Fahrtzeiten genauso kalkulieren wie die Arbeitszeiten. Sie begründen dies damit, daß der Monteur ja in der Fahrtzeit arbeitszeitmäßig ausfällt und daß deswegen der gleiche Betrag in Rechnung zu stellen sei.

An die Handwerksfirma ...

Handwerkerrechnung Nr. ...
in ...
vom ...

Sehr geehrte Damen und Herren,

ich erhielt heute Ihre Handwerkerrechnung, über die ich sehr überrascht bin. In der Handwerkerrechnung sind mir Fahrt- und Wegezeiten in einer Höhe in Rechnung gestellt worden, die keinesfalls zutreffen können. Erstens bin ich nicht bereit, 40 Kilometer An- und Wegfahrt zu bezahlen sowie den Zeitraum, in dem der Monteur das Werkzeug holte, das er vergessen hatte. Außerdem hatte ich den Monteur befragt, wo er sonst noch tätig sei, und er erzählte mir, daß er in demselben Ort noch einen Auftrag bei einem Bekannten von mir zu erledigen hatte. Ich habe bei diesem Bekannten nachgefragt, und er hat dieselbe Wegezeit wie ich in Rechnung gestellt bekommen.
Ich setze eine Frist von einer Woche ab Zugang des Schreibens, die vorgenannte Rechnung zu korrigieren.

Mit freundlichen Grüßen

An die Handwerksfirma ...

Ihre Handwerkerrechnung Nr. ... vom ...

Sehr geehrte Damen und Herren,

heute erhielt ich Ihre Handwerkerrechnung, die mich inhaltlich doch sehr überrascht hat. Sie haben die Fahrtzeit mit demselben Stundensatz berechnet wie die Arbeitszeit. Als ich mich heute telefonisch bei Ihnen in der Buchhaltung beschwerte, wurde mir erklärt, daß sich dies aus den allgemeinen Geschäftsbedingungen ergebe. Abgesehen davon, daß mir die allgemeinen Geschäftsbedingungen erst aufgrund meiner heutigen Beschwerde bekannt gemacht wurden und ich diese bei Auftragserteilung nicht kannte, können diese auch durch Übersendung mit der Rechnung nicht Gegenstand des Vertrages geworden sein. Selbst wenn dies so wäre, würde eine derartige Klausel in den allgemeinen Geschäftsbedingungen gem. der Grundsatzentscheidung des Bundesgerichtshofes vom 5.6.1984, AZ XZR75/83, unzulässig sein.
Ich erwarte die sofortige Korrektur der Rechnung und behalte mir vor, die Angelegenheit der Handwerkskammer zu übergeben.

Hochachtungsvoll

Handwerker/Kfz-Kosten

Vielfach sind Kunden empört, wenn unseriöse Handwerksfirmen in ihrem Stundenverrechnungssatz für die Handwerker Fahrzeugkosten kalkulieren, die sie nochmals extra auswerfen. Haben Sie eine derartige Rechnung erhalten, sollten Sie sich folgendermaßen beschweren:

An die
Handwerksfirma ...
Ihre Rechnung Nr. ... vom ...

Sehr geehrte Damen und Herren,

am heutigen Tage erhielt ich Ihre Handwerkerrechnung. Ich bin nicht bereit, die darin angegebenen Fahrzeugkosten zu bezahlen. Ich habe mich heute telefonisch erkundigt und mir die Kalkulation Ihrer Stundenverrechnungssätze für einen Monteur mitteilen lassen. Dabei bin ich auf Ihre Geschäftsbedingungen und auf die Kalkulation hingewiesen worden. Als ich diese gelesen hatte, mußte ich feststellen, daß in dem Stundenverrechnungssatz, der höher als bei jeder anderen Handwerksfirma liegt, Fahrzeugkosten schon einkalkuliert wurden. Sie dürfen deswegen diese Fahrzeugkosten nicht nochmals in Rechnung stellen.
Ich setze Ihnen eine Frist von einer Woche ab Zugang dieses Schreibens, die Rechnung zu berichtigen. Nach Ablauf der Frist werde ich, falls ich keine Nachricht von Ihnen erhalte, den Posten herausstreichen und nur den restlichen Betrag an Sie überweisen.

Hochachtungsvoll

Handwerker/Lehrling

Ein oftmals ausgeübter Trick von Handwerksfirmen ist es, für die Durchführung von Bagatellreparaturen zwei Arbeitskräfte zu schicken, obwohl nur eine Arbeitskraft wirklich notwendig ist. Sie wundern sich dann, daß der eine Monteur die ganze Arbeit macht und der andere tatenlos zusieht. Noch mehr wundern Sie sich, wenn in der Rechnung die Arbeitsstunden für zwei Monteure berechnet werden. Die Reparaturfirma muß Sie bei derartiger Handhabung vorher befragen, ob Sie damit einverstanden sind. Gleiches gilt natürlich, wenn ein Lehrling mitgeschickt wird, der bei der Arbeit praktisch nur zusieht. Haben Sie eine derartige Rechnung erhalten, können Sie sich folgendermaßen hierüber beschweren:

An die Handwerksfirma ... in ...

Reparatur der tropfenden Wasserhähne in meinem Badezimmer in ...

Sehr geehrte Damen und Herren,

vor einigen Tagen erhielt ich Ihre Rechnung Nr. ... vom ... betreffs der Reparatur der tropfenden Wasserhähne im Badezimmer meiner Wohnung. Sie haben zu dieser Reparatur zwei Monteure und einen Lehrling geschickt. Der eine Monteur sah seine einzige Aufgabe darin, das Wasser am Waschbecken abzustellen. Der andere Monteur wechselte zwischenzeitlich den Wasserhahn aus. Dem Lehrling, der mit anwesend war, wurden lediglich die einzelnen Arbeitsgänge erklärt. Um so erstaunter bin ich, daß mir sämtliche drei Arbeitskräfte in Rechnung gestellt wurden. Ich bin weder bezüglich der großen Anzahl aufgebotener Arbeitskräfte vorher um Einverständnis gefragt worden, noch waren diese notwendig.
Ich setze eine Frist von zwei Wochen ab Zugang dieses Schreibens, um mir eine berichtigte Handwerkerrechnung zuzusenden. Ich behalte mir vor, nach Ablauf dieser Frist, das Schreiben Ihrer zuständigen Handwerkskammer/Innung vorzulegen.

Mit freundlichen Grüßen

Handwerker/Mehrleistung

Ein Fall, der im Kraftfahrzeugwesen täglich vorkommt: Ein Autofahrer gibt seinen Wagen in Reparatur oder läßt ihn abschleppen, weil er irgendwo liegengeblieben ist. Er beauftragt die Autowerkstätte, die Batterie wieder aufzuladen. Als er das Fahrzeug abholt, stellt er fest, daß ihm für die Erneuerung der Lichtmaschine und anderer Teile eine umfangreiche Reparatur in Rechnung gestellt wurde. Sie können sich vor unseriösen Autowerkstätten dadurch schützen, daß Sie auf dem schriftlichen Auftragsformular den entsprechenden Auftrag beschränken – entweder dem Umfang nach oder durch Festsetzung einer finanziellen Höchstgrenze. Haben Sie dies auf dem Auftragsformular vermerkt, dann hat der Inhaber einer Autowerkstätte keine Chance, mehr zu verlangen. Er kann auch nicht über die allgemeinen Geschäftsbedingungen aufgrund einer Klausel, die die Entscheidungsfreiheit bezüglich des Auftragsvolumens dem Werkunternehmer überträgt, mehr verlangen. Viele Autowerkstätten versuchen, ihr Recht dann dadurch durchzusetzen, daß sie auf ihr Pfandrecht als Werkunternehmer verweisen. Das Pfandrecht bedeutet, daß der Autowerkstätteninhaber nicht verpflichtet ist, den Wagen herauszugeben, da er ihn als Pfand bis zur Bezahlung der Rechnung behalten kann. Eine Beschwerde muß dementsprechend formuliert werden:

An die
Autowerkstätte ...

Ihre Rechnung Nr. ... vom ...

Sehr geehrte Damen und Herren,

heute nachmittag war ich in Ihrer Autowerkstätte und wollte mein Fahrzeug abholen. Bekanntlich hatte ich bei Ihnen seinerzeit die Reparatur des Fahrzeugs in Auftrag gegeben und auf dem Auftragsformular ausdrücklich vermerkt, daß ich nur die Erneuerung eines beschädigten Winterreifens wünsche. Zu meinem Entsetzen mußte ich feststellen, daß Sie sämtliche Winterreifen erneuert haben mit der Begründung, daß die anderen drei Reifen, die ich gar nicht mehr zu Gesicht bekam, abgefahrenes Profil hatten. Des weiteren haben Sie die Spur des Fahrzeugs vermessen lassen, ohne daß ich dies wünschte. Auf dem Auftragsformular hatte ich genau den Leistungsumfang des Auftrages formuliert und gebeten, mich anzurufen, falls Sie über diese Leistungen hinausgehen wollen. Auch auf Ihren mir gegebenen Hinweis auf die allgemeinen Geschäftsbedingungen, die Ihnen für derartige Fälle das Recht einräumen, das Auftragsvolumen zu erweitern, lasse ich mich nicht ein. Sie haben bei meinem Versuch, das Fahrzeug abzuholen, dieses nicht herausgegeben, weil Sie auf Ihr Werkunternehmerpfandrecht hinwiesen. Das Werkunternehmerpfandrecht besteht aber nur dann, wenn Ihnen auch wirklich ein Recht auf Bezahlung zusteht, was im vorliegenden Fall nicht gegeben ist.
Ich fordere Sie auf, mir das Fahrzeug innerhalb einer Frist von 24 Stunden herauszugeben. Falls nicht, werde ich sofort Klage auf Herausgabe einreichen und mir morgen einen gleichwertigen Leihwagen auf Ihre Kosten besorgen.

Hochachtungsvoll

Handwerker/Rechnungsposten

Oftmals ärgern sich Kunden über Handwerkerrechnungen, weil sie die einzelnen Rechnungsposten nicht detailliert genug aufführen. Gerade wenn man sich über einzelne Handwerksleistungen kostenmäßig nicht geeinigt hat, darf der Handwerksbetrieb nur nach § 632 Abs. 2 des BGB die „übliche Vergütung“ verlangen. Um zu überprüfen, was üblich ist, muß eine Rechnung entsprechend detailliert aussehen.

Handwerkerrechnung/Detaillierung
Handwerksleistung am ... in 81379 München, Bahnhofstr. 6, Reparatur eines Warmwasserboilers
Ihre Rechnung vom ... Rechnungsnr. ...

Sehr geehrte Damen und Herren,

mit Erstaunen haben wir von der vorgenannten Rechnung Kenntnis genommen.
Wir müssen überprüfen, ob diese Rechnung von uns als Vermieter oder von dem Mieter zu tragen ist. Deswegen ist für uns auch wichtig, welche Reparaturen Sie im einzelnen ausgeführt haben. Aus der Rechnung ergeben sich weder der einzelne Stundensatz noch die geleisteten Stunden noch das verbrauchte Material.
Wir bitten, uns eine detaillierte Rechnung zuzusenden. Gerade im Hinblick darauf, daß einige Ihrer Handwerksleistungen mangelhaft sind, müssen wir aufgrund der Detaillierung der Rechnung feststellen, welche Positionen die mangelhafte Leistung betrifft. Bei der Aufstellung Ihres Arbeitspersonals bitten wir, uns auch dessen Qualifikationen mitzuteilen und den Stundensatz, den Sie für diese Personen in Rechnung stellen, damit wir überprüfen können, ob sich der Stundensatz innerhalb der üblichen Grenze hält.

Mit freundlichen Grüßen

Handwerker/Rüstzeiten

Ganz unseriöse Handwerksfirmen versuchen, ihren Kunden dadurch noch Geld „aus der Tasche“ zu ziehen, daß sie sogenannte Rüstzeiten in Rechnung stellen. Gemeint ist damit der Zeitaufwand, der notwendig ist, um bei einer Kundendienstfirma oder Handwerksfirma das Kundendienstfahrzeug mit dem entsprechenden Material und Gerät auszurüsten.

An die Sanitär- und Heizungsfirma ...

Ihre Handwerksrechnung Nr. ... vom ...

Sehr geehrte Damen und Herren,

ich erhielt heute Ihre Kundendienstrechnung über die Wartung und Reparatur des Ölbrenners meiner Ölfeuerungsanlage. Ich war äußerst erstaunt, daß Sie mir als Sonderposition auf dieser Rechnung „Rüstkosten“ in Rechnung stellten. Auf meine heutige telefonische Beschwerde hin begründete dies der zuständige Sachbearbeiter damit, daß Sie doch einen erheblichen Zeitaufwand haben, um Ihr Kundendienst- und Reparaturfahrzeug mit den entsprechenden Werkzeugen und Ersatzteilen auszurüsten, und daß diese Kosten auf die Kunden umgelegt werden müssen. Dabei haben Sie allerdings übersehen, daß in der Berechnung des Stundensatzes derartige Unternehmerkosten schon enthalten sind und daß das Verlangen derartiger Kosten grob rechtsmißbräuchlich ist, was einige Handwerksverbände offiziell schon erklärten. Ich erlaube mir, die Position „Rüstkosten“ ersatzlos zu streichen.

Hochachtungsvoll

Handwerker/Stundensatz

Häufiger Streitpunkt in Handwerkerrechnungen ist ein falscher Stundensatz, der verrechnet wird. Sie sollten schon bei Beginn der Arbeiten die Handwerker in ein Gespräch verwickeln und herauszufinden versuchen, welchen Ausbildungsstatus die einzelnen Mitarbeiter der Fima haben. Oftmals versuchen die „schwarzen Schafe" unter den Handwerksfirmen, Ihnen Helferstunden mit 100% einer Monteurstunde in Rechnung zu stellen. Gleiches gilt für die Stundensätze von Auszubildenden. Es gibt keine festen Richtlinien dafür, wie derartige Stundensätze berechnet werden. In der Praxis geht man davon aus, daß für einen Helfer maximal 70% des Monteurlohns bezahlt werden. Bei einem Auszubildenden kann man sich an die Prozentsätze halten, die der Fachverband Sanitär-, Heizungs- und Klimatechnik in Bayern seinen Betrieben mitteilte. Danach waren 45% im ersten, 55% im zweiten, 65% im dritten und 75% im vierten Lehrjahr zu berechnen. Ein Beschwerdeschreiben würde folgendermaßen aussehen:

An die Handwerksfirma ... in ...

Handwerkerrechnung Nr. ... vom ...

Sehr geehrte Damen und Herren,

die von Ihnen zugesandte Handwerkerrechnung kann ich nicht akzeptieren. Ich bitte, mir nochmals eine aufgeschlüsselte Rechnung zukommen zu lassen, aus der sich im einzelnen ergibt, welchen Ausbildungsgrad die bei mir tätig gewesenen Personen haben. Aus dem Gespräch mit einem Ihrer Mitarbeiter habe ich nämlich erfahren können, daß einer der Mitarbeiter lediglich Auszubildender und der andere nur Helfer des Monteurs war. Nach der mir bekannten Handhabung dürfen für Helfer höchstens 50-75% des Stundensatzes eines Monteurs in Anrechnung gebracht werden. Bei dem Lehrling verweise ich auf die Empfehlung des Fachverbandes Sanitär-, Heizungs- und Klimatechnik in Bayern, wonach im ersten Lehrjahr 45%, im zweiten 55%, im dritten 65% und im vierten 75% anzusetzen sind.
Ich erwarte, daß Sie mir diese Aufschlüsselung, Ihre neue Rechnung und den Nachweis des Ausbildungsgrades innerhalb der Frist von einer Woche zukommen lassen, weil ich ansonsten das entsprechende Aufsichtsgremium Ihrer Handwerkskammer einschalten werde.

Mit freundlichen Grüßen

Handwerker/Verjährung

Nicht selten ist man überrascht, wenn nach 2–3 Jahren plötzlich eine Handwerkerrechnung kommt, mit der weit zurückliegende Leistungen abgerechnet werden. Viele Handwerksbetriebe sind aufgrund schlampiger Buchhaltung oder aufgrund von Versäumnissen nicht in der Lage, kurz nach Bearbeitung des Auftrages Rechnungen zu versenden. Nachdem erst bei Rechnungslegung der Werklohn des Handwerkers fällig wird, können Sie sich gegenüber derartig verspäteten Abrechnungen mit der Einrede der Verjährung schützen.

Nach § 196 BGB verjähren Ansprüche des Handwerkers auf Werklohn gegenüber nicht gewerblichen Auftraggebern innerhalb von zwei Jahren. Die Verjährung beginnt regelmäßig mit Ablauf des Jahres, in dem die Handwerkerleistung erbracht worden ist, und endet mit Ablauf des 2. Jahres, das auf den Beginn der Verjährungsfrist folgt. Dies bedeutet beispielsweise, wenn ein Handwerker im Jahr 1994 eine Reparatur an der Heizungsanlage durchgeführt hat, daß die Verjährung zum 1.1.1995 beginnt und mit Ablauf des 31.12.1996 abläuft. Ab dem 1.1.1997 kann der Handwerker den Betrag, den er in Rechnung gestellt hat oder den er dann noch abrechnen will, nicht mehr fordern. Sie müssen sich dann unbedingt auf die Einrede der Verjährung berufen. Ein Schreiben an den Handwerker könnte wie folgt formuliert werden:

An die Handwerksfirma X

Betrifft: Ihre Abrechnung vom 7. Jan. 1997

Sehr geehrter Herr ...,

am 7. Jan. 1997 habe ich von Ihnen eine Rechnung für eine Heizungsreparatur vom 12. November 1994 erhalten. Dieses Verhalten erstaunt mich sehr. Warum Sie mir nach so langer Zeit noch eine Rechnung schicken, ist mit unverständlich. Die Reparatur wurde bereits im November 1994 ausgeführt. Seither haben Sie überhaupt keine Reaktion mehr gezeigt. Ich weise Sie darauf hin, daß Ihre Forderung verjährt ist und erhebe hiermit ausdrücklich die Einrede der Verjährung.
Ihre Rechnung werde ich daher nicht bezahlen.

Mit freundlichen Grüßen

Handwerker/VOB

Es kommt oftmals vor, daß Privatpersonen Bauhandwerker beauftragen und dann bei der Zusendung der Rechnung erfahren, daß allgemeine Geschäftsbedingungen verlangt werden, wonach die VOB (Verdingungsordnung für Bauleistungen) vereinbart wird.

An die Baufirma ...

Ihre Rechnung vom ...

Sehr geehrte Damen und Herrn,

über Ihre vorgenannte Rechnung möchte ich mich beschweren. In der Rechnung wird darauf hingewiesen, daß die VOB gilt. Hiermit bin ich nicht einverstanden. Nach der Rechtsprechung des BGH (Aktenzeichen: VII ZR 132/90) müssen Handwerker ihrem Partner, wenn dieser nicht durch einen Architekten vertreten ist, die Kenntnis der VOB ermöglichen. Es würde also nicht einmal ausreichen, wenn Sie bei Auftragserteilung auf die Geltung der VOB hingewiesen hätten, weil der Bauherr, der die VOB nicht kennt, seine Risiken und Rechtsfolgen nicht abschätzen kann. Aus diesem Grund weise ich Sie darauf hin, daß die Verjährung meiner Ansprüche nicht entsprechend VOB nach 2 Jahren, sondern gemäß BGB nach 5 Jahren eintritt. Der Bundesgerichtshof hat ausdrücklich in der vorgenannten Entscheidung die Geltung der VOB abgelehnt, weil der Bauunternehmer dem Kunden nicht die Gelegenheit zur Kenntnis des vollen Inhalts der VOB gegeben hat.

Hochachtungsvoll

Handwerker-Notdienst/Nachtzuschlag/Fahrtkosten

Manche unseriösen Notdienstfirmen stellen dem Verbraucher eine Zusatzpauschale für Nachtzuschlag in Rechnung. Zulässig wäre dies, wenn z. B. auf die Stundensätze 30% Nachtzuschlag berechnet wird. Unzulässig ist es, wenn eine Gesamtrechnung erstellt wird, die die Kosten für Spezialfahrzeuge und Spezialwerkzeuge enthält und anschließend, nachdem die Kostenrechnung festgeschrieben wurde, dann noch einen Prozentsatz insgesamt zusätzlich als Nachtzuschlag aufführt. Rechnen Sie den Prozentsatz heraus, berechnen Sie den Prozentsatz nur auf die Stundensätze, und zahlen Sie nur diesen Betrag. Eine Beschwerde könnte so aussehen:

An die
Rohrleitungsnotdienstfirma in ....
Ihre Rechnung Nr. ... vom ...

Sehr geehrte Damen und Herren,

vorgenannte Rechnung, die ich am ... erhielt, kann ich nicht anerkennen, weil diese Rechnung einen unzulässigen Prozent-Aufschlag für Nachtdienst enthält, der die Gesamtkosten um 50% erhöht. Nach der Rechtsprechung dürfen Sie den Nachtzuschlag nur auf den Stundensatz und nicht auf sonstige Kosten wie Fahrtkosten, Autobereitstellungs- und Gerätebereitstellungskosten berechnen.
Ich erlaube mir, Ihnen die korrigierte Rechnung zusammen mit einem Verrechnungsscheck über den korrigierten Rechnungsbetrag zuzusenden.

Hochachtungsvoll

Einer der häufigsten Tricks von Notdienstfirmen besteht darin, daß sie praktisch in jedem örtlichen Branchenfernsprechbuch präsent sind. Beauftragen Sie eine derartige Handwerksfirma, dann stellen Sie oftmals fest, daß es sich dabei nur um eine Anzeigenannahmestelle handelte.

An den Elektronotdienst ... in ...

Ihre Rechnung Nr. ... vom ...

Sehr geehrte Damen und Herren,

ich erhielt vor drei Tagen Ihre Handwerkerrechnung über die durchgeführte Notreparatur meiner Elektroanlage. Dabei mußte ich feststellen, daß Sie mir 80 Kilometer Fahrtkosten in Rechnung gestellt haben, was mit Sicherheit nicht zutreffend sein kann, da ich Sie ja unter der Telefonnummer beauftragt habe, mit der Sie im Branchenverzeichnis an unserem Ort geworben haben.
Ich denke nicht daran, die von Ihnen verlangten An- und Abfahrtskosten zu bezahlen, weil hierfür jegliche Rechtsgrundlage fehlt.

Hochachtungsvoll

Haustürgeschäfte/Widerruf

Geschäfte an der Haustür sind für viele Vertriebsgesellschaften, mögen Sie nun seriös sein oder nicht, ein lukratives und umsatzträchtiges Geschäft. Durch den Überraschungseffekt und die Redegewandtheit des Verkäufers ist der Kunde oftmals nicht in der Lage, seine Entscheidung, die zu einem Vertragsabschluß geführt hat, zu überdenken. Vorschnell werden typischerweise Zeitungen abonniert oder Versicherungen abgeschlossen. Sollten Sie „Opfer" eines solchen Haustürgeschäftes geworden sein, so können Sie sich hiergegen zur Wehr setzen. Sie können, falls Sie über das Widerrufsrecht belehrt worden sind, binnen einer Frist von einer Woche den Vertragsabschluß gegenüber dem Vertragspartner widerrufen. Sollte keine Belehrung über das Widerrufsrecht erfolgt sein, so erlischt Ihr Widerrufsrecht erst einen Monat nachdem beide Vertragsparteien ihre Leistungen vollständig erbracht haben. Gleichzeitig sollten Sie mit Ihrem Widerruf eine Beschwerde über die Art und Weise, wie das Geschäft abgewickelt worden ist, verbinden. Eine Beschwerde könnte wie folgt formuliert werden:

An die Firma X

Betrifft: Widerruf des Abonnementvertrages nach Haustür-Widerrufsgesetz

Sehr geehrte Damen und Herren,

vor zwei Tagen klingelte ein Mitarbeiter Ihrer Firma an meiner Haustür. Als ich öffnete, erzählte mir Ihr Mitarbeiter, er biete zur Unterstützung Behinderter Zeitungsabonnements an. Ihr Mitarbeiter erklärte mir auf meine Nachfrage hin, wie dies funktioniere, und teilte mit, daß die Zeitungsverlage für jede Abonnementbestellung einen Betrag von DM 50,- an eine Behindertenwerkstätte zahlten. Da ich Interesse an einer Zeitschrift hatte, schloß ich daraufhin in meiner Wohnung mit Ihrem Mitarbeiter einen Zeitungsabonnement-Vertrag für zwei Jahre ab. Weil ich ein kritischer Mensch bin, habe ich mich schließlich bei dem Zeitungsverlag über den Wahrheitsgehalt der Aussage Ihres Mitarbeiters informiert. Von dort erhielt ich jedoch die Auskunft, daß die Aussage, die Ihr Mitarbeiter gemacht hat, unrichtig sei und daß bereits eine Vielzahl von Beschwerden über Ihre Firma vorlägen. Ich möchte mich zunächst einmal mit allem Nachdruck über die Art und Weise beschweren, wie Sie im Geschäftsverkehr auftreten. Ich werde diesbezüglich die zuständigen Behörden informieren. Darüber hinaus widerrufe ich hiermit den vor zwei Tagen abgeschlossenen Abonnementvertrag nach dem Haustür-Widerrufsgesetz.

Hochachtungsvoll

Heizung

Der Vermieter ist verpflichtet, die Heizung in den Wintermonaten in Gang zu setzen und, soweit es der Mietvertrag vorsieht, auch in den Sommermonaten. Bei Nichtbeheizung der Wohnung erfüllt er den Tatbestand einer Nötigung. Ein Mieter sollte deswegen, wenn der Vermieter absichtlich nicht richtig beheizt, eine entsprechende Beschwerde an den Vermieter richten:

An den Vermieter ...

Mietobjekt: ...

Sehr geehrter Herr ...,

obwohl wir schon im Monat Dezember sind, ist die Beheizung unserer Wohnung nicht über 16 Grad C möglich. Entweder liegt dies an einer unzulänglichen Heizleistung des Kessels oder an einer absichtlich schlechten Beheizung. Wir setzen eine Frist von 24 Stunden, diese Beschwerde gegen die mangelhafte Heizung zu beachten und die Heizung entsprechend anzustellen. Nach Ablauf der Frist werden wir eine einstweilige Verfügung beantragen. Wir weisen Sie darauf hin, daß die Nichtbeheizung einer Wohnung außerdem nach § 240 StGB strafbar sein kann.

Hochachtungsvoll

Heizungsablesung/Kosten für den 2. Ablesetermin

In der Regel werden bei Mietwohnungen einmal jährlich die Verbrauchsmeßeinrichtungen an den Heizkörpern abgelesen. Der Vermieter bedient sich hierzu meist einer Firma, die die Heizkostenabrechnung für ihn durchführt. In der Regel teilt die Firma durch Aushang im Mietshaus mit, wann die Ablesung stattfinden soll.
Es kommt aber häufig vor, daß jemand verreist ist oder sonst irgendwie keine Kenntnis von diesem Ablesetermin erlangt hat. Die Ablesefirma berechnet dann in der Regel für den 2. Termin Zusatzkosten sowie einen Aufwendungsersatz.
Sollten Sie von Ihrem Vermieter oder von der Abrechnungsfirma eine derartige Rechnung erhalten haben, sollten Sie sich sofort darüber beschweren. Eine Beschwerde könnte wie folgt lauten:

An den Vermieter

Betrifft: Kostenersatz für 2. Termin zur Heizungsablesung

Sehr geehrter Herr ...,

gestern habe ich Ihr Schreiben erhalten, mit dem Sie mir einen Betrag von 100.- DM für den Besuch der Firma X zur Ablesung des Heizungsverbrauchs in Rechnung stellen.
Hiermit beschwere ich mich mit Nachdruck über diese Rechnung. Die Rechnung ist vollkommen unbegründet. Zum Zeitpunkt, als die Firma X die Termine zur Heizungsablesung mitteilte, war ich verreist. Erst nach bereits erfolgter Heizungsablesung kehrte ich aus meinem Urlaub zurück. Ich hatte den Hausmeister, Herrn Y, darüber informiert, daß ich für längere Zeit verreist sein würde. Im übrigen fand die Heizungsablesung nicht wie in den letzten Jahren im Mai statt, sondern im April. Da ich den weiteren Termin zur Ablesung, der notwendig geworden ist, nicht zu vertreten habe, weise ich die Rechnung im vollen Umfang zurück.

Mit freundlichen Grüßen

Hotel

Unter den vielen Hotels und Pensionen Deutschlands gibt es leider immer noch einige Betriebe, die es hervorragend verstehen, schlechte Leistung für teures Geld zu verkaufen. Insbesondere Hotels und Pensionen, die nicht von Stammkunden, sondern von durchreisenden Gästen leben, legen manchmal keinen großen Wert auf Sauberkeit und Service. Trotzdem stellen sich diese Hotels anpreiserisch in der Werbung dar und werben auch noch damit, daß sie irgendwelche Auszeichnungen erhalten hätten. Nur handelt es sich hierbei oft um keine namhaften und seriösen Auszeichnungen, sondern um solche irgendwelcher kleiner Verbände, die ihre Mitglieder ohne Qualitätsprüfung auszeichnen. Sollten Sie einmal an einen derartig schlechten Beherbergungsbetrieb geraten, sollten Sie sich hierüber sofort beim Deutschen Hotel- und Gaststättenverband beschweren.
Eine Beschwerde könnte wie folgt formuliert werden:

An den Deutschen Hotel- und Gaststättenverband e.V.
Kronprinzenstr. 46
53173 Bonn

Betrifft: Beschwerde über die Zustände im Hotel X in ...

Hiermit beschwere ich mich über die katastrophalen Zustände im Hotel .... In der Nacht vom ... auf ... habe ich im Rahmen einer Geschäftsreise in dem Hotel in ... übernachtet. Da ich mir aufgrund des Prospektes, mit dem das Hotel wirbt, Ruhe und Erholung versprach, habe ich mir ein Zimmer angemietet. Die Nacht, die ich in diesem Hotel verbrachte, war jedoch fürchterlich und schlaflos. Die Schallisolierung war dermaßen mangelhaft, daß ich jedes Wort verstand, das in den Nachbarzimmern gesprochen wurde. Darüber hinaus war die Klimaanlage defekt, so daß ich das Fenster öffnen mußte. Entgegen der Aussage im Prospekt war das Hotel alles andere als ruhig; es lag direkt an einer großen Ausfallstraße. Weiter befand sich in meinem Zimmer Ungeziefer. Es handelt sich vermutlich um Ameisen, die hier über das poröse Mauerwerk eingedrungen sind. Schließlich gab es im Badezimmer Schimmel. Das Hotel, das damit wirbt, ein Drei-Sterne-Hotel zu sein, kann allenfalls als billige Absteige bezeichnet werden. Ich darf Sie bitten, von seiten Ihres Verbandes den Vorgang zu prüfen und entsprechende Schritte einzuleiten. Darüber hinaus werde ich noch das zuständige Gesundheitsamt und das zuständige Gewerbeaufsichtsamt informieren.

Mit freundlichen Grüßen

Immobilienmakler

Nach § 6 WiStGB darf der Makler nur Provisionen verlangen, die ortsüblich sind. Gerade im Bereich der Vermittlung von Wohnungen hat es in letzter Zeit sehr viel Streit gegeben. Es pendelt sich immer mehr ein, daß zwei Nettomieten ortsüblich sind. Der Immobilienmakler begeht eine Ordnungswidrigkeit, wenn er mehr Provision verlangt, als sie der Ortsüblichkeit entspricht. Es gibt in Deutschland zwei große Berufsvereinigungen der Immobilienmakler, denen die Makler nicht angeschlossen sein müssen, die Ihnen aber über die Ortsüblichkeit der Provision (RDM und VDM) Auskunft geben können. Sie haben zwei Möglichkeiten, gegen den Immobilienmakler vorzugehen. Entweder beschweren Sie sich bei den entsprechenden Berufsverbänden, die allerdings in ihrer Aussage bezüglich der Provisionshöhe sich selbst nicht einig sind. Sie können sich wegen einer überhöhten Provision aber auch direkt an das Gewerbeaufsichtsamt Ihrer zuständigen Gemeinde wenden. Die Gemeinde wird dann ein Aufsichtsverfahren gegen den Immobilienmakler einleiten. Nach § 6 WiStGB besteht die Möglichkeit, daß der Immobilienmakler eine Geldbuße bezahlt. Zudem wird in derartigen Fällen der Immobilienmakler meist noch veranlaßt, die zuviel erhaltene Provision nach Entscheidung der Behörde entweder an die Staatskasse oder an den Geschädigten zurückzuzahlen. Wir haben beide Beschwerden für Sie formuliert:

An den
Ring deutscher Makler
Konstanzer Str. 10-12
68239 Mannheim

Beschwerde über das Immobilienbüro in ...

Sehr geehrte Damen und Herren,

beiliegend erhalten Sie die Kopie eines Mietvertrages sowie die Kopie des Vermittlungsauftrags und die Kopie der von mir bezahlten Maklerrechnung. Die in meinem Auftrag erwähnte Wohnung wurde mir von dem vorgenannten Makler vermittelt. Presseinformationen konnte ich entnehmen, daß die von dem Makler verlangte Provision nicht ortsüblich und somit nach § 6 WiStGB unzulässig ist.
Ich bitte, alles zu veranlassen, daß der Makler mir die vorgenannte Provision zurückzahlt ... soweit sie die Ortsüblichkeit überschreitet.

Mit freundlichen Grüßen

An das
Gewerbeaufsichtsamt der Stadt ...

Überprüfung der Maklertätigkeit der Firma ... wegen überhöhter Provision

Sehr geehrte Damen und Herren,

ich sende Ihnen die Kopie des Maklerauftrages, die Kopie des Mietvertrages und die Kopie der Maklerrechnung der vorgenannten Immobilienfirma zu. Aus Pressemitteilungen konnte ich entnehmen, daß sich die ortsübliche Vermittlungsprovision auf zwei Nettomonatsmieten eingependelt hat. Der vorgenannte Makler hat drei Monatsmieten brutto von mir als Provision verlangt.
Ich möchte mich über das Verhalten des Maklers beschweren und bitte, gem. § 6 WiStGB gegen den Makler vorzugehen und in Ihrer Entscheidung zu berücksichtigen, daß die zuviel bezahlte Provision an mich zurückbezahlt werden muß.

Mit freundlichen Grüßen

Industrie- und Handelskammern

Die Zuständigkeit der Industrie- und Handelskammern ergibt sich im wesentlichen aus dem Gesetz zur vorläufigen Regelung des Rechts der Industrie- und Handelskammern vom 18. Februar 1956 und den hierzu erlassenen Ausführungsgesetzen der Länder. Die Industrie- und Handelskammer hat, soweit nicht die Zuständigkeit der Organisation des Handwerks nach der Handwerksordnung gegeben ist, die Aufgabe, das Gesamtinteresse der der Innung zugehörigen Gewerbetreibenden des IHK-Bezirkes wahrzunehmen, für die Förderung der gewerblichen Wirtschaft zu wirken und dabei die wirtschaftlichen Interessen einzelner Gewerbezweige oder -betriebe abwägend und ausgleichend zu berücksichtigen. Dabei obliegt es der Industrie- und Handelskammer, insbesondere durch Vorschläge, Gutachten und Berichte die Behörden zu unterstützen und zu beraten sowie für Wahrung von Anstand und Sitte des ehrbaren Kaufmanns zu wirken. Beispielsweise ist die gesamte Aufsicht über die vereidigten Sachverständigen den Industrie- und Handelskammern übertragen worden. Wenn Sie sich über einen vereidigten Sachverständigen geärgert haben, dann können Sie sich an die zuständige Industrie- und Handelskammer Ihres Gebietes wenden. Wenn Sie nicht wissen, wo diese ihren Sitz hat, empfehlen wir Ihnen, folgende Beschwerde an den Deutschen Industrie- und Handelstag zu richten:

An den
Deutschen Industrie- und Handelstag
An der Kolonnade 10
10117 Berlin

Beschwerde über den Sachverständigen Herrn ... in ...

Sehr geehrte Damen und Herren,

mir ist nicht klar, wo die Industrie- und Handelskammer, die für mein Gebiet zuständig ist, ihren Sitz hat. Ich wende mich deswegen mit der hier enthaltenen Beschwerde an Sie und bitte Sie als Dachorganisation der Industrie- und Handelskammer in Deutschland, die Beschwerde weiterzuleiten.
Folgenden Vorfall gebe ich zur Kenntnis: Am 3. August ... beauftragte ich den vereidigten Sachverständigen Herrn ... mit der Begutachtung eines Bauschadens. Ich fragte ihn ausdrücklich, ob er seitens der zuständigen Industrie- und Handelskammer als Sachverständiger vereidigt sei und die entsprechende Fachkenntnis habe. Nach dem erstellten Gutachten konnte ich feststellen, daß die einfachsten Kenntnisse des Bauwesens von dem Sachverständigen nicht beherrscht werden. Ich bitte deswegen zu überprüfen, ob die Vereidigung des Sachverständigen wirklich erfolgt ist und er sich als vereidigter Sachverständiger bezeichnen darf. Des weiteren bitte ich, das Gutachten dem zuständigen Gutachterausschuß für die entsprechenden Fachgebiete vorzulegen, da es nicht nur eine Fülle von Schreib- und Rechenfehlern enthält, sondern auch die Baubegriffe falsch erläutert worden sind.

Mit freundlichen Grüßen

Industrie- und Handelskammern/Geschäftsführer

Wie in jeder Organisation kann auch in der Geschäftsführung einer Industrie- und Handelskammer ein Fehler vorkommen. Sie brauchen sich weder ungerechte persönliche Behandlung noch eine ungerechte sachliche Behandlung gefallen zu lassen. Sie können sich an die Dachorganisation sämtlicher Industrie- und Handelskammern wenden (Deutscher Industrie- und Handelstag, An der Kolonnade 10, 10117 Berlin). Sie können sich mit einer Beschwerde auch an den Verband der Geschäftsführer deutscher Industrie- und Handelskammern wenden. Eine derartige Beschwerde dürfte dem Geschäftsführer einer einzelnen IHK peinlich sein.

An den
Verband der Geschäftsführer deutscher Industrie- und Handelskammern
Lorenzendamm 24
24103 Kiel

Fachliches und persönliches Verhalten des Geschäftsführers der Industrie- und Handelskammer in ...

Sehr geehrte Damen und Herren,

hiermit möchte ich mich über das fachliche und persönliche Verhalten des Geschäftsführers der Industrie- und Handelskammer in ... beschweren und Sie bitten, als Verband diesbezüglich einzuschreiten.
Ich hatte den zuständigen Geschäftsführer vor mehreren Monaten gebeten, mir eine Liste der vereidigten Sachverständigen für ein bestimmtes Fachgebiet, nämlich ..., zu übermitteln. Seither wurde mir die Zusendung der Liste mehrfach zugesagt. Briefe von mir blieben unbeantwortet. Telefonisch wurde ich immer wieder vertröstet. Ich glaube, daß die zuständige Geschäftsstelle im Augenblick kaum funktionsfähig ist, und bitte, mir in dieser Angelegenheit aufgrund meiner Beschwerde zu helfen.

Mit freundlichen Grüßen

Irreführende Werbung

Jedermann weiß, daß Werbung, beispielsweise für ein Kaufhaus, von großer Bedeutung ist. Denn durch gezielte und gut gemachte Werbung lassen sich Kundenzulauf und Umsatz steigern. Leider kommt es allzu häufig vor, daß in der Werbung, die beispielsweise in Form von Flugblättern oder Zeitungsbeilagen in die Haushalte gelangt, kräftig gemogelt wird. So findet man häufig in Wurfsendungen reißerische Angebote, aufgrund derer dann der Entschluß gefaßt wird, ein Geschäft oder eine Firma aufzusuchen, um dort einzukaufen. Dort angelangt, stellt man dann häufig fest, daß die Angaben in der Werbung nicht zutreffen bzw. irreführend waren. Da nach dem Gesetz gegen den unlauteren Wettbewerb (UWG) irreführende Werbung strafbar sein kann, sollten Sie sich auch nicht scheuen, Strafanzeige wegen eines Verstoßes gegen das Gesetz über den unlauteren Wettbewerb zu erstatten. Die Strafanzeige kann direkt an die jeweilige Staatsanwaltschaft gerichtet werden. Darüber hinaus sollten Sie sich in jedem Falle bei dem Unternehmen, von dem die irreführende Werbung ausgeht, sowie bei den Verbraucherschutzeinrichtungen beschweren. Eine Beschwerde könnte wie folgt formuliert werden:

An die Firma X

Betrifft: Werbeprospekt als Beilage in der Süddeutschen Zeitung vom ...

Sehr geehrte Damen und Herren,

vor kurzer Zeit erhielt ich einen Werbeprospekt als Zeitungsbeilage der Süddeutschen Zeitung. In diesem Prospekt haben Sie darauf hingewiesen, daß Sie in der Zeit vom ... bis zum ... eine Sonderaktion für den Verkauf von Markenturnschuhen durchführen. Sie haben dabei in Ihrem Prospekt etwa 6 Markenturnschuhe abgebildet und neben diesen Abbildungen einen Preis von DM 49,90 pro Paar angegeben. Als ich auf diesen Prospekt hin Ihr Kaufhaus aufsuchte, um mir ein Paar Turnschuhe der Marke X zu dem angegebenen Preis zu kaufen, mußte ich feststellen, daß lediglich die Turnschuhe einer einzigen Marke verbilligt waren, alle anderen Turnschuhe wurden zum gleichen Preis verkauft wie in den anderen Kaufhäusern auch. Eine Preisreduzierung konnte nicht festgestellt werden.
Die Angaben in Ihrem Werbeprospekt waren daher nachweislich unrichtig. Über die Art und Weise der Irreführung von Kunden durch Ihre Werbung beschwere ich mich mit Nachdruck.

Ich werde den Verbraucherschutzverband über die Art und Weise Ihrer Werbung informieren. Des weiteren behalte ich mir die Erstattung einer Strafanzeige wegen des Verstoßes gegen das Gesetz gegen den unlauteren Wettbewerb vor.

Mit freundlichen Grüßen

Sollten Sie sich auch noch bei dem Verbraucherschutzverein beschweren wollen, so können Sie dies unter folgender Adresse tun:
Verbraucherschutzverein e. V., Lützowstr. 33, 10785 Berlin

Kaffeefahrt

Gerade bei älteren Leuten erfreuen sich sogenannte Kaffeefahrten großer Beliebtheit. Viele Unternehmer haben diese Möglichkeit der Direktvermarktung entdeckt und führen Verkaufsveranstaltungen in Form von Kaffeefahrten durch. Leider gibt es unter den Veranstaltern viele „schwarze Schafe". Als Teilnehmer einer solchen Kaffeefahrt muß man oftmals feststellen, daß man in entlegene Gebiete gefahren wird, um dort gezwungenermaßen an einer manchmal Stunden dauernden Verkaufsveranstaltung teilzunehmen. Sollten Sie einmal Opfer einer unseriösen „Kaffeefahrt" werden, so sollten Sie sich hierüber sofort beim Veranstalter, aber auch bei den Verbraucherschutzzentralen, die es für die jeweiligen Bundesländer gibt, beschweren. Eine Beschwerde könnte wie folgt formuliert werden:

An die Firma X

Betrifft: Kaffeefahrt (Verkaufsveranstaltungsfahrt nach X vom ...)

Sehr geehrte Damen und Herren,

am ... habe ich an einer Kaffeefahrt Ihrer Firma teilgenommen, nachdem ich Ihren schön gemachten Prospekt gelesen hatte, entschloß ich mich zur Teilnahme.
Allerdings mußte ich dann feststellen, daß die Versprechungen, die in diesem Prospekt gemacht wurden, nicht eingehalten wurden. Aus diesem Grunde möchte ich mich über die Art und Weise, wie diese „Verkaufsveranstaltung" abgewickelt worden ist, beschweren.
Entgegen der Ankündigung im Prospekt wurde die Besichtigung des Schlosses Herrenchiemsee nicht durchgeführt, da, wie kurz vor Abfahrt des Busses mitgeteilt wurde, organisatorische Gründe dies nicht zulassen würden.
Schließlich fand die Verkaufsveranstaltung nicht in der „Romantischen Gastwirtschaft XY" statt, sondern im Saal einer abgelegenen und drittklassigen Dorfgaststätte. Hiermit aber nicht genug.
Die Verkaufsveranstaltung zog sich fast fünf Stunden hin. Der Veranstaltungsleiter stellte nicht nur die beiden Produkte vor, die im Prospekt angesprochen waren, sondern noch jede Menge andere Produkte, die ohnehin keiner benötigt. Auch war die Bewirtschaftung nicht akzeptabel. Statt des angekündigten 3-Gang-Menüs wurde nur eine dünne Suppe und ein zäher Rinderbraten mit Fertigsoße serviert. Ich finde es skandalös, daß Sie mit einem schön gemachten Prospekt Kunden regelrecht in die

Falle locken. Mit Ausnahme der Tatsache, daß die Reise mit dem Bus stattfand, wurden alle anderen Angaben, die in dem Prospekt enthalten waren, nicht erfüllt.
Ich werde mich diesbezüglich auch noch an den Verbraucherschutzverein wenden.

Hochachtungsvoll

Wie bereits in der Einführung angedeutet, sollten Sie im Falle einer Beschwerde auch die Verbraucherzentralen bzw. den Verbraucherschutzverein informieren.
Ein Schreiben an den Verbraucherschutzverein könnte wie folgt formuliert werden:

An den Verbraucherschutzverein e.V.
Lützowstr. 33
10785 Berlin

Betrifft: Beschwerde über Kaffeefahrt-Veranstaltungen der Firma X

Sehr geehrte Damen und Herren,

am ... habe ich an einer sogenannten „Kaffeefahrt" der Firma X teilgenommen.
Die Versprechungen, die die Firma X für die Vekaufsveranstaltung gemacht hatte, wurden in keiner Weise eingehalten.
Ich füge zur Darstellung des Sachverhalts mein Beschwerdeschreiben an die Firma X vom ... bei. Weiter erhalten Sie in der Anlage den Verkaufsprospekt der Firma X. Ich darf Sie bitten, der Sache nachzugehen und alles Erdenkliche zu unternehmen, damit weiteren älteren Menschen eine derbe Enttäuschung erspart bleibt.
Für Rückfragen stehe ich jederzeit zur Verfügung.

Mit freundlichen Grüßen

Kampfhunde

In der Presse liest man immer wieder, wie gefährlich Kampfhunde sind. Sie brauchen sich eine Gefährdung durch derartige Hunde nicht gefallen zu lassen und können sich diesbezüglich bei der zuständigen Polizeidienststelle beschweren. Die Beschwerde sieht folgendermaßen aus:

An die Polizeidirektion in ...

Beschwerde über den Hauseigentümer ..., der einen Kampfhund hält

Sehr geehrte Damen und Herren,

im vorgenannten Haus bin ich Mieter des vorgenannten Vermieters. Seit einigen Wochen hat der Vermieter einen Kampfhund, den er auf der Kinderspielwiese frei herumlaufen läßt. Ich möchte mich hierüber beschweren und bitte, nach § 121 des Ordnungswidrigkeitengesetzes einzuschreiten.

Mit freundlichem Gruß

Kindergarten

So wie in Schulen kommt es auch in Kindergärten häufig zu persönlichem oder auch fachlichem Fehlverhalten des Kindergartenpersonals. Sie brauchen sich als Elternteil solches Fehlverhalten nicht gefallen zu lassen. In derartigen Fällen sollten Sie sich sofort bei der Leitung des Kindergartens oder bei der zuständigen Behörde beschweren. Handelt es sich um einen öffentlichen Kindergarten, so dürfte meistens die Gemeinde, dort das Amt für Kindergarten- und Schulwesen, richtiger Adressat der Beschwerde sein. Bei einem privaten Kindergarten sollten Sie die Beschwerde an die Kindergartenleitung adressieren. Eine entsprechende Beschwerde könnte folgendermaßen formuliert werden:

An die Stadtverwaltung
Amt für Kindergarten- und Schulwesen

Beschwerde gegen die Erzieherin ...

Sehr geehrte Damen und Herren,

mein Sohn ... ist seit ca. sechs Monaten im städtischen Kindergarten in der ...-Straße in ... Ich möchte mich über die Erzieherin Frau ... beschweren. Abgesehen davon, daß der gesamte Kindergarten einen verwahrlosten Eindruck erweckt, erzählte mir mein Sohn, daß er bereits mehrfach von Frau ... geschlagen worden sei. Nachdem ich den Erzählungen meines Sohnes nicht Glauben schenken wollte, habe ich zunächst noch andere Eltern befragt, ob ihre Kinder Ähnliches erzählten.
Die von mir befragten Eltern bestätigten daraufhin, daß auch ihre Kinder erzählt hätten, daß Frau ... körperliche Züchtigungen vornehme, wenn sie merke, daß sie überfordert sei. Ich bitte Sie, aufgrund dieser Beschwerde gegen die Erzieherin vorzugehen. Wegen etwaiger strafrechtlicher Schritte werde ich mich noch rechtlich beraten lassen.

Mit freundlichen Grüßen

Kinderspielplatz

Sosehr sich Kinder über einen schönen Kinderspielplatz freuen, so sehr kann dies für die Anwohner zu einem echten Ärgernis werden. Vor allem Lärmbelästigung und Vandalismus, der meist durch ältere Kinder und Jugendliche verursacht wird, führen manchmal zu Belastungsproben für die Anwohner. Wenn Sie sich über die Lärmbelästigung oder über die Ausschreitungen, die sich aufgrund des Kinderspielplatzes ergeben, beschweren wollen, so müssen Sie zunächst prüfen, ob es sich um einen privaten oder um einen von der Gemeinde betriebenen Spielplatz handelt. Handelt es sich um einen privaten Kinderspielplatz und ist dieser Teil eines oder mehrerer Wohnhäuser, so ist die Wohnungseigentümergemeinschaft oder der Eigentümer dieser Wohnungen der richtige Adressat einer Beschwerde. Handelt es sich dagegen um einen gemeindlichen Kinderspielplatz, so ist Beschwerde an die Gemeindeverwaltung zu richten. Eine Beschwerde könnte wie folgt formuliert werden:

An die Gemeindeverwaltung
Amt für Sicherheit und Ordnung

Betrifft: Lärmbelästigung und Vandalismus auf dem Kinderspielplatz in der ... Straße

Sehr geehrte Damen und Herren,

als Anwohner möchte ich mich mit Nachdruck über die Zustände auf dem Kinderspielplatz in der ... Straße beschweren. Seit Monaten stelle ich fest, daß sich insbesondere nach 17:00 Uhr auf diesem Kinderspielplatz ältere Kinder und Jugendliche aufhalten, für die der Kinderspielplatz überhaupt nicht gedacht ist. Diese Personengruppe hört auf dem Kinderspielplatz laute Musik und hat bereits mehrere Spieleinrichtungen beschädigt. Als ich selbst einmal zum Kinderspielplatz hinüberging, um für Ordnung zu sorgen, wurde mir angedroht, falls ich mich noch einmal hier sehen ließe, werde mein Auto zerstört werden. Ich darf Sie bitten, endlich für Ruhe und Ordnung zu sorgen sowie entsprechende Maßnahmen gegen die Randalierer in die Wege zu leiten.

Mit freundlichen Grüßen

Kostenvoranschlag/Berechnung

Nehmen Sie folgenden denkbaren Fall an: Ihr Auto wurde bei einem Verkehrsunfall beschädigt. Sie geben das Fahrzeug in Ihre Werkstätte und bitten, einen Kostenvoranschlag über die Reparaturkosten zu erstellen. Der Werkstätteninhaber sendet Ihnen den Kostenvoranschlag zu und verlangt hierfür 10 % des veranschlagten Betrages als Gebühr für die Erstellung des Kostenvoranschlages. Eine Rechtsgrundlage oder ein Gesetz dafür, daß ein Handwerker für einen Kostenvoranschlag eine Gebühr verlangen kann, existiert nicht. Auch eine versteckte Klausel in den allgemeinen Geschäftsbedingungen würde nicht die entsprechende Legitimation bieten. Lassen Sie sich also eine derartige Gebühr für den Kostenvoranschlag nicht gefallen und schreiben Sie z. B. folgendes an den Handwerker:

An die Handwerksfirma ...

Sehr geehrte Damen und Herren,

ich erhielt heute Ihren Kostenvoranschlag für die Reparatur meines Fahrzeuges. Ich bin nicht damit einverstanden, daß mir der Kostenvoranschlag in Rechnung gestellt wird, weil hierüber keine Vereinbarung getroffen wurde. Ich sende Ihnen hiermit die Rechnung zurück.

Hochachtungsvoll

Kostenvoranschlag/Verteuerung

Immer wieder kommt es vor, daß Handwerksfirmen gebeten werden, Kostenvoranschläge einzureichen. Um einen Auftrag zu bekommen, berechnen die Handwerksfirmen dann bewußt zu niedrige Kosten. Wenn die endgültige Abrechnung kommt, stellt man fest, daß sich die Kosten fast verdoppelt haben. Das brauchen Sie sich nicht gefallen zu lassen. Die Musterbeschwerde könnte folgendermaßen lauten:

An die
Malerfirma ...

Kostenvoranschlag Nr. ... vom ...
Rechnung N. ... vom ...

Sehr geehrte Damen und Herren,

aufgrund eines Kostenvoranschlages vom ... haben wir Ihrer Malerfirma den Auftrag erteilt, unsere gesamte Bürofläche neu zu tapezieren und Fenster, Türen und Heizungen zu lackieren. Der Kostenvoranschlag wies DM 7000,00 auf. Als wir nunmehr Ihre Rechnung erhielten, hatten Sie diesen Betrag um fast 100% überschritten. Die Gerichte, die sich in den letzten Jahren damit befaßt haben, kamen zu dem Ergebnis, daß bezüglich der Überschreitung von Kostenvoranschlägen von einer Toleranzgrenze von 15% auszugehen ist. Bei einer größeren Überschreitung der Kostenvoranschlagssumme ist der Werkunternehmer verpflichtet, während der Durchführung des Werkes den Auftraggeber zu informieren und die entsprechende Genehmigung einzuholen. Dieses haben Sie versäumt. Im gleichen Sinne hat das Oberlandesgericht Frankfurt, Urteil vom 11.1.1984, AZ 17U255/82, entschieden.

Hochachtungsvoll

Kreditkartenunternehmen/falsche Abrechnung

Obwohl sich Kreditkartenunternehmen bei ihren Abrechnungen gegenüber den Kunden modernster Technik bedienen, kommt es immer wieder vor, daß sich Abrechnungsfehler einschleichen. Sie sollten daher Ihre Kreditkartenabrechnungen, die zumeist monatlich versandt werden, genau überprüfen.
Gleiches gilt, wenn Sie in Ihrer Abrechnung Beträge feststellen, die Sie nicht zuordnen können. Vor allem als Kunde, der häufig mit Kreditkarten bezahlt, ist es nicht ganz einfach, bei einer Vielzahl von Zahlungen den Überblick zu behalten. Sollten Sie also einen Abrechnungsfehler entdecken oder auch einen Betrag auf Ihrer Abrechnung feststellen, den Sie nicht zuordnen können, dann empfiehlt es sich, sich sofort bei dem jeweiligen Kreditkartenunternehmen zu beschweren und zu erklären, daß die Zahlung der abgebuchten Beträge unter Vorbehalt der Rückforderung erfolgt. Damit geben Sie zu erkennen, daß Sie vorläufig mit der Abrechnung einverstanden sind, sich aber das Recht zur Rückforderung des zuviel bezahlten oder falsch abgerechneten Betrages vorbehalten. Eine Beschwerde könnte wie folgt formuliert werden:

An das Kreditkartenunternehmen ...

Betr.: Abrechnung vom ...

Sehr geehrte Damen und Herren,

gestern erhielt ich eine Kreditkartenabrechnung für den Monat ... 19...
Über die Art und Weise der Abrechnung möchte ich mich beschweren. In Ihrer Abrechnung ist eine Position in Höhe von 191,90 DM enthalten. Ein derartiger Betrag wurde von mir im Monat ... 19.. nicht bezahlt. Ich gehe davon aus, daß es sich hier um einen Zahlendreher handelt. Meine Überprüfung ergab, daß ich am ... beim Modehaus Müller für einen Betrag von 119,90 DM Kleidungsstücke gekauft habe. Diese Rechnung habe ich mit Kreditkarte bezahlt.
Ich bitte Sie, den Vorgang zu überprüfen.
Die Zahlung Ihrer Rechnung erfolgt zunächst unter Vorbehalt der Rückforderung.

Mit freundlichen Grüßen

Lärmbelästigung

Wenn Sie durch einen Mieter oder einen Nachbarn ständiger Lärmbelästigung ausgesetzt sind, brauchen Sie sich nicht auf den Weg der Beschwerde gegen den Hauseigentümer oder gegen den Nachbarn verweisen zu lassen. Die unzulässige Lärmbelästigung ist nach §117 des Ordnungswidrigkeitengesetzes auch eine Ordnungswidrigkeit. Sie können sich diesbezüglich bei der zuständigen Polizeidienststelle beschweren. Eine Beschwerde sieht folgendermaßen aus:

An die Polizeidienststelle in ...

Beschwerde wegen unzulässiger Lärmbelästigung durch den Mieter ...

Sehr geehrte Damen und Herren,

der Mieter ... läßt jeden Morgen um 06.00 Uhr den Motor seines Pkw mehrere Minuten lang laufen, damit in der kalten Jahreszeit das Auto warm wird. Es handelt sich hier um eine Lärmbelästigung nach § 117 des Ordnungswidrigkeitengesetzes. Ich möchte mich hierüber beschweren, weil durch dieses Verhalten die Nachbarschaft, die Mitmieter und die Umwelt erheblich belästigt werden. Ich bitte, hiergegen einzuschreiten.

Mit freundlichem Gruß

Lehrer

Als Elternteil brauchen Sie sich über das persönliche oder fachliche Fehlverhalten eines Lehrers nicht zu ärgern. Beschweren Sie sich bei seinem Vorgesetzten. Eine derartige Dienstaufsichtsbeschwerde ist für jeden Beamten unangenehm, weil sie auf Dauer in seinen Personalpapieren bleibt. Die entsprechende Beschwerde würde folgendermaßen formuliert werden:

An die Schulleitung der Schule ...

Beschwerde gegen den Lehrer ...

Sehr geehrte Damen und Herren,

mein Sohn ... ist Schüler in der vorgenannten Schule. Ich möchte mich über den Fachlehrer für Latein beschweren. Abgesehen davon, daß der Unterricht in diesem Jahr sehr häufig ausgefallen ist, sind die Prüfungsanforderungen viel zu hoch. Die Lehrkraft kann nicht etwas prüfen, das sie selbst nicht das Jahr über unterrichten konnte. Hinzu kommen noch permanente anzügliche Bemerkungen gegenüber den Schülern und Schülerinnen. Ich bitte, gegen den Lehrer einzuschreiten.

Mit freundlichen Grüßen

Leistungsmängel

Als Leistungsempfänger können Sie sich über eine mangelhafte Leistung prinzipiell beschweren. Im Rahmen der Beschwerde sollten Sie auch die rechtlichen Konsequenzen androhen. Mangelhafte Werkleistungen brauchen Sie prinzipiell nicht hinzunehmen. Wichtig ist, daß Sie sich über die Mängel beschweren und diese bei dem Vertragspartner geltend machen. Eine derartige Beschwerde würde folgendermaßen aussehen:

An die Gartenbaufirma ...

Auftrag vom ... Rechnung vom ... Rechnung Nr. ...

Sehr geehrte Damen und Herren,

mit vorgenanntem Auftrag beauftragten wir Sie, sämtliche Leistungen im Baubereich durchzuführen. Da das von Ihnen erstellte Werk mangelhaft ist, nehmen wir es nicht ab. Folgende Mängel sind vorhanden:
(Liste der Mängel mit genauen Angaben)
Wir setzen zur Mängelbeseitigung eine Frist von drei Wochen.
(Die Frist muß angemessen sein!)

Hochachtungsvoll

(siehe auch: Mängelsuche)

Mahnbescheid/Widerspruch

Viele Gläubiger von Geldforderungen versuchen erst einmal die Durchsetzung ihrer Forderung im Wege des gerichtlichen Mahnverfahrens. Das Mahnverfahren ist zum einen kostengünstiger und zum anderen wesentlich schneller als ein Klageverfahren. Auf Antrag des Gläubigers erläßt das Gericht einen Mahnbescheid, der dann dem jeweiligen Schuldner zugestellt wird. Sollten Sie einmal Adressat eines solchen Mahnbescheids sein, so müssen Sie darauf achten, daß innerhalb einer Frist von zwei Wochen, gerechnet ab Zustellung des Mahnbescheids, Widerspruch beim Gericht einzulegen ist, das den Mahnbescheid erlassen hat. Sie können bereits im Widerspruch angeben, warum Sie die Forderung des Gläubigers für unberechtigt halten. Ein Widerspruchsschreiben an das Amtsgericht könnte wie folgt formuliert werden:

An das Amtsgericht in ...
Abt. für Mahnwesen

Betrifft: Az.: ...., Mahnsache X gegen Y

Sehr geehrte Damen und Herren,

hiermit lege ich Widerspruch gegen den Mahnbescheid der Firma X, zugestellt am ..., ein. Die Forderung, die hier von der Firma X geltend gemacht wird, ist unbegründet. Richtig ist zwar, daß ich eine Rechnung für Arbeiten der Firma X erhalten habe, die Arbeiten wurden jedoch mangelhaft ausgeführt. Nachdem ich die Firma X mehrfach schriftlich aufgefordert habe, die mangelhafte Reparatur nachzubessern bzw. die hierdurch entstandenen Schäden zu beseitigen, reagierte diese bis heute nicht. Ich war daher gezwungen, eine andere Firma zu beauftragen. Hierdurch sind mir Kosten in Höhe von DM ... entstanden. Diese Kosten habe ich bereits mit Schreiben vom ... gegenüber der Firma X aufgerechnet.
Die mit dem Mahnbescheid geltend gemachte Forderung ist damit unbegründet.

Mit vorzüglicher Hochachtung

Makler/Hausverwalter/Provision

An das
Gewerbeaufsichtsamt der Stadt ...

Beschwerde gegen den Makler ... wegen Provision für verwaltete Wohnungen

Sehr geehrte Damen und Herren,

der vorgenannte Makler hat für die von ihm verwaltete Wohnungsanlage, in der er Sondereigentum und Gemeinschaftseigentum verwaltet, bei der Vermietung drei Monatsmieten brutto als Provision verlangt. Beiliegend erhalten Sie die Kopien von Mietvertrag, Provisionsrechnung und Maklervertrag sowie eine Kopie des Verwaltervertrages, den ich zwischenzeitlich vom Eigentümer erhalten habe. Aus dem Verwaltervertrag geht hervor, daß der Makler auch die Eigentumswohnung im Sondereigentum verwaltet und daß das Verlangen der Provision gegen das Gesetz verstoßen hat.
Ich bitte, gegen den Makler einzuschreiten, da er hier seine Berufspflichten verletzt hat.

Mit freundlichen Grüßen

(siehe auch: Immobilienmakler)

Makler/Unrichtige Zeitungsanzeige

Häufig kommt es vor, daß Makler Wohnungsanzeigen in Zeitungen schalten ohne den Hinweis, daß hinter dieser Anzeige ein Maklerbüro steckt. Ein Interessent, der sich auf die Anzeige meldet, ist deshalb häufig überrascht, wenn plötzlich von einer Provisionszahlung die Rede ist. Ferner kommt es häufig vor, daß Wohnungsvermittlungen oder Immobilienverkäufe von Personen durchgeführt werden, die nicht die Maklergenehmigung nach § 34c der Gewerbeordnung besitzen. Sollten Sie feststellen, daß jemand als Makler auftritt, ohne daß beispielsweise in Zeitungsanzeigen ein entsprechender Hinweis enthalten ist, oder daß ein Makler auftritt, der nicht über die erforderliche gewerberechtliche Zulassung verfügt, so sollten Sie sich unbedingt sowohl beim Ring Deutscher Makler als auch beim zuständigen Gewerbeaufsichtsamt hierüber beschweren. Eine Beschwerde könnte wie folgt formuliert werden:

An das Gewerbeaufsichtsamt der Stadt ...

Betrifft: Zeitungsanzeige vom ...
Beschwerde gegen Maklerbüro Mustermann

Sehr geehrte Damen und Herren,

am ... meldete ich mich telefonisch auf eine Wohnungsanzeige, die ich in der Süddeutschen Zeitung gelesen habe. Aus der Anzeige, die ich beifüge, ist nicht erkennbar, daß das Inserat von einer Maklerfirma geschaltet wurde und daß für die Vermittlung der Wohnung Provision zu zahlen ist. Als ich die Nummer wählte, meldete sich ein Maklerbüro Mustermann und wies darauf hin, daß für die Vermittlung der Wohnung eine Provision von mindestens drei Monatsmieten zu zahlen sei. Als ich nachfragte, warum ein Hinweis auf eine Provision in der Anzeige nicht enthalten sei, wurde mir geantwortet, daß dies nicht erforderlich sei, da man nur ab und zu einmal eine Wohnung vermiete oder ein Haus verkaufe.
Ich möchte mich mit Nachdruck über das Verhalten des Maklerbüros Mustermann beschweren und bitte Sie, die erforderlichen Schritte einzuleiten. Ich gehe davon aus, daß das Maklerbüro Mustermann nicht über die erforderliche gewerberechtliche Zulassung verfügt. Weiterhin gehe ich davon aus, daß ein Verstoß gegen das Wohnungsvermittlungsgesetz vorliegt, da Herr Mustermann eine Provision von drei Monatsmieten verlangt hat.

Mit freundlichen Grüßen

Ring Deutscher Makler
Konstanzer Straße 10-12
68239 Mannheim

Betrifft: Beschwerde über das Immobilienbüro Mustermann in ...

Sehr geehrte Damen und Herren,

ich übersende in der Anlage eine Wohnungsannonce aus der Süddeutschen Zeitung vom .... Ich habe mich auf diese Anzeige telefonisch gemeldet. Wie Sie der Anzeige entnehmen können, ist nicht erkennbar, daß sich hinter dieser Anzeige ein Maklerbüro verbirgt. Auf Grund meines Anrufes stellte ich jedoch fest, daß die Anzeige vom Immobilienbüro Mustermann aufgegeben worden ist. Man verlangte von mir eine Provision von drei Monatsmieten, falls ich die Wohnung anmieten würde. Ich möchte mich ausdrücklich über die Vorgehensweise des Immobilienbüros Mustermann beschweren. Aus meiner Sicht sollte hier das Immobilienbüro Mustermann überprüft und entsprechend abgemahnt werden. Ich darf Sie bitten, die erforderlichen Schritte einzuleiten.

Mit freundlichen Grüßen

Mangelhafte Ware

Nach § 459 BGB können Sie sich, falls Sie mangelhafte Ware geliefert bekommen haben, hierüber beschweren. Sie haben die Möglichkeit, eine Neulieferung der Ware zu verlangen, den Kaufpreis zu mindern, vom Kaufvertrag zurückzutreten und - falls eine zugesicherte Eigenschaft fehlt - sogar Schadensersatz zu verlangen. Eine Beschwerde würde folgendermaßen aussehen:

An die Firma ...

Kauf eines Pkw der Marke ...

Sehr geehrte Damen und Herren,

ich habe bei Ihnen den vorgenannten Pkw gekauft. Der Pkw ist mangelhaft. Die Lichtmaschine funktioniert nicht. Ich möchte mich über den Zustand des Fahrzeugs beschweren und setze eine Frist von einer Woche, den vorgenannten Mangel zu beheben. Geschieht dies innerhalb dieser Frist nicht, werde ich das Fahrzeug zurückgeben.

Hochachtungsvoll

Mängelsuche

Völlige Unkenntnis herrscht bei vielen Verbrauchern über die Frage, ob ein Handwerker für die Mängelsuche Kosten in Rechnung stellen darf. Stellen Sie sich vor, daß Sie z. B. eine Uhr oder einen Fotoapparat zur Reparatur in Auftrag geben. Beim Abholen des reparierten Gegenstandes erklärt Ihnen der Ladeninhaber, daß die Reparatur nicht möglich war, weil der Fehler unauffindbar sei. Eiskalt legt er Ihnen eine Rechnung vor. Wie Sie sich hierüber beschweren, formulieren wir folgendermaßen:

An das
Uhrengeschäft ...

Sehr geehrte Damen und Herren,

vor einigen Tagen war ich in Ihrem Ladengeschäft wegen der Reparatur meiner Uhr. Der zuständige Uhrmachermeister erklärte mir, daß der Fehler unauffindbar sei und er die Uhr nicht mehr reparieren könne. Er berechnete mir für die Kontrolle und Überprüfung der Uhr einen Betrag von DM 70,00.
Nachdem es sich bei dem Reparaturauftrag um einen Werkvertrag handelt, schulde ich nur im Erfolgsfalle die Bezahlung. Von einem Erfolg kann man bei einer derartigen Aussage wohl nicht sprechen. Ich fordere Sie auf, mir die Uhr sofort herauszugeben, und werde diese durch einen Boten, Herrn ..., abholen lassen. Sollten Sie diesem die Uhr nicht mitgeben, werde ich eine Klage auf Herausgabe einreichen.

Hochachtungsvoll

Meldepflicht

Nach § 11 des Melderechtsrahmengesetzes muß jeder, der eine Wohnung bezieht, sich bei der Meldebehörde anmelden. Gleiches gilt, falls derjenige aus der Wohnung wieder ausziehen will. Oftmals ist es schwierig, Schuldner zu erreichen, weil diese sich weder abgemeldet noch an der neuen Adresse angemeldet haben. Es ist empfehlenswert, sich dann über diesen Schuldner zu beschweren und zu versuchen, die neue Anschrift bei der Meldebehörde herauszubekommen. Eine Beschwerde würde folgendermaßen aussehen:

An das
Einwohnermeldeamt der Gemeinde ...

Herr ..., wohnhaft in ...

Sehr geehrte Damen und Herren,

der vorgenannte Herr war bei Ihnen mehrere Monate gemeldet. Er ist jetzt in eine neue Gemeinde gezogen, ohne daß er die entsprechende Abmeldung und Neuanmeldung vorgenommen hat. Es ist zudem § 11 des Melderechtsrahmengesetzes verletzt, wonach jeder, der eine Wohnung hat, seine Adresse melden muß. Ich möchte mich hiermit über den vorgenannten Herrn beschweren und bitte, die Ermittlungen aufzunehmen.

Mit freundlichen Grüßen

Mieter/Beleidigung

Das enge Zusammenleben im Haus führt immer wieder zu Streitereien zwischen den Mietern. Beleidigungen der Mieter untereinander können dem Vermieter das Recht zur fristlosen Kündigung geben. Der Vermieter ist sogar gezwungen, gegen derartige Beleidigungen einzuschreiten, weil sie den Wohngebrauch beeinträchtigen. Eine Beschwerde würde folgendermaßen formuliert werden:

Herrn/Frau/Fräulein ...

Mietobjekt in: ...

Sehr geehrte Damen und Herren,

wir wohnen seit drei Jahren in dem vorgenannten Mietobjekt. Vor einem halben Jahr ist die Familie ... in das Erdgeschoß gezogen. Es kommt nun täglich zu persönlichen Beleidigungen; sogar tätliche Angriffe erfolgten gegen uns. Wir geben Ihnen Kopien von Aussagen anderer Mitmieter, die unsere Behauptungen bestätigen. Wir fordern Sie als Vermieter, der für den normalen Wohngebrauch verantwortlich ist, auf, sofort hiergegen einzuschreiten. Wir behalten uns vor, bis zur Beendigung der Beeinträchtigung durch die Mitmieter ... den Mietzins um 20% zu mindern. Sollte die Situation im Hause noch unerträglicher werden, behalten wir uns vor, das Mietverhältnis fristlos zu kündigen mit der Konsequenz, daß jeglicher Schaden von seiten des Vermieters ersetzt wird.

Hochachtungsvoll

Mieter/Hauseingang

Zum normalen Wohngebrauch zählt nicht nur, daß der Mieter sich in seiner Wohnung wohl fühlt, sondern daß auch die äußere Umgebung der Wohnung in ordnungsgemäßem Zustand ist. Der Mieter kann mit folgendem Beschwerdeschreiben seine Rechte wahren:

An den Vermieter ...

Mietobjekt: ...

Sehr geehrte Damen und Herren,

wir sind Mieter der vorgenannten Wohnanlage. Zum normalen Wohngebrauch zählt nicht nur, daß man sich in seiner Wohnung wohl fühlt, sondern daß der Vermieter dem Mieter auch die Möglichkeit gibt, ohne Schaden in die Wohnung zu kommen. Unser Hausflur sieht katastrophal aus. Seit Monaten ist er eine Baustelle. Im Eingangsbereich des Hofes lagert Schutt. Wir sind nicht mehr bereit, uns dies länger gefallen zu lassen.
Wir fordern Sie hiermit auf, diese Mißstände innerhalb einer Frist von zwei Wochen zu beseitigen. Nach Ablauf der Frist werden wir von unserem Recht zur Mietzinsminderung Gebrauch machen und künftighin den Mietzins nur noch unter Vorbehalt leisten. Die von uns erklärte Mietzinsminderung beträgt mindestens 20%. Im übrigen weisen wir Sie darauf hin, daß der Hausflur und der Hofbereich eine besondere Gefahrenstelle für die Mieter darstellen.

Hochachtungsvoll

Mieter/Hausmeister

Viele Vermieter setzen für die örtliche Betreuung des Mietobjektes einen Hausmeister oder einen Hausmeisterdienst ein. Die Kosten dieses Hausmeisters werden dann in der Regel im Rahmen der Betriebskostenabrechnung auf die Mieter umgelegt. Leider ist es häufig der Fall, daß die eingesetzten Hausmeister nur sehr unzureichend arbeiten. Die Vermieter wissen hierüber oft nicht Bescheid, da eine regelmäßige Kontrolle der Hausmeisterdienste nicht stattfindet. Sie sollten sich daher sofort bei Ihrem Vermieter über den Hausmeister beschweren, falls Unregelmäßigkeiten auftreten. Eine Beschwerde könnte wie folgt lauten:

An den Vermieter ...

Betrifft: Beschwerde über Hausmeister Herrn X

Sehr geehrter Herr ..., sehr geehrte Frau ...,

als Mieter der Wohnung Nr. 37 im Anwesen Wegstr. 1 in ... möchte ich mich ausdrücklich über die Art und Weise der Hausmeistertätigkeit des Herrn X beschweren.
In den Monaten Januar und Februar 1997 hat der Hausmeister, obwohl der Hof und die Einfahrt ständig vereist waren, seine Räum- und Streupflicht nicht erfüllt. Ich bin nicht bereit, im Rahmen der Betriebskostenumlage für einen Hausmeister zu bezahlen, der seine Hausmeisterverpflichtungen nicht ordnungsgemäß erfüllt.
Ich bitte daher mit aller Entschiedenheit, den Hausmeister Herrn X anzuhalten, seine Hausmeisterverpflichtungen künftig ordnungsgemäß zu erfüllen.
Falls sich die Leistungen des Hausmeisters nicht bessern, behalte ich mir vor, die Kosten für den Hausmeister, die mir im Rahmen der Betriebskostenabrechnung für meine Wohnung anteilig berechnet werden, zu mindern.

Mit freundlichen Grüßen

Mieter/Hausverwalter

Viele Vermieter lassen ihr Mietobjekt von einem Hausverwalter betreuen. Im Endergebnis bedeutet dies, daß der Mieter gar keine Möglichkeit mehr hat, sich an den Eigentümer zu wenden. Manche Hausverwalter zeichnen sich durch Untätigkeit und ruppiges Verhalten gegenüber Mietern aus. Empfehlenswert ist in einem derartigen Fall, sich direkt an den Eigentümer zu wenden:

Herrn/Frau ...

Ihr Wohnhaus in München, Wegstr. 1, Beschwerde über Ihren Verwalter

Sehr geehrte Damen und Herren,

seit Monaten läßt die von Ihnen eingesetzte Verwaltung die Schreiben unbeantwortet, die wir an sie schicken. Die einzige Reaktion, die wir bei gelegentlichen Telefonanrufen hören, ist, daß wir aus dem Haus ausziehen sollen. Wir legen Ihnen eine Mängelliste bei in der Annahme, daß Sie als Eigentümer ein Interesse daran haben, daß Ihr Haus wertbeständig verwaltet wird. Der jetzige Zustand des Hauses ist so chaotisch, daß dessen Wert immer mehr sinkt. Wir empfehlen Ihnen dringend, die Verwaltung mehr zu beaufsichtigen, gegen sie einzuschreiten und die Beschwerde ernst zu nehmen. Wir wissen nicht, wie der Verwalter die von uns zwischenzeitlich durchgeführte Mietzinsminderung Ihnen gegenüber begründet hat.

Mit freundlichen Grüßen

Mieter/Nichtauszug

Ein klassischer Fall der Beschwerde, die Sie unbedingt einlegen sollten, ist die nach § 568 des Bürgerlichen Gesetzbuches. Die darin enthaltene Beschwerde ist deshalb wichtig, weil Sie bei Versäumung der Beschwerdefrist sämtliche Rechte als Vermieter auf Räumung verlieren. Nach § 568 BGB entsteht nämlich ein neuer Mietvertrag, wenn der Mieter nicht innerhalb von 14 Tagen auszieht und der Vermieter diesem Nichtauszug gegenüber tatenlos zusieht und sich nicht beschwert. Folgende Beschwerde muß in einem solchen Fall immer an den Mieter geschickt werden:

An die Mieter ...
Wohnung ...

Sehr geehrte Damen und Herren,

aufgrund des zwischen Ihnen und mir geschlossenen Räumungsvergleichs verpflichteten Sie sich, am 01.07. ... auszuziehen. Wir haben heute den 05.07. ..., und Sie sind immer noch nicht aus den Räumen ausgezogen. Gem. § 568 BGB widerspreche ich der Fortsetzung des Mietgebrauchs und fordere Sie zur sofortigen Räumung auf.
Sollte das Mietobjekt innerhalb einer Frist von 3 Tagen nicht geräumt sein, werde ich Räumungsklage einreichen.

Mit freundlichem Gruß

Mieterhöhung/Wohnraum

Der Mieter muß nicht jede Mieterhöhung für einen Wohnraum akzeptieren. Er kann sich gegen die Mieterhöhung beschweren, wenn er triftige Gründe hat. Triftige Gründe werden in unserem Musterschreiben erwähnt:

Herrn/Frau ...

Ihre Mieterhöhung vom ... für unsere Mietwohnung

Sehr geehrte Damen und Herren,

wir bestätigen den Eingang Ihrer Nachricht über Mieterhöhung vom ... Über diese Mieterhöhung möchten wir uns beschweren, da sämtliche gesetzlichen Voraussetzungen dafür fehlen. Erstens ist die Mieterhöhung unwirksam, weil die Mitteilung hierüber nur von einem der beiden Vermieter unterschrieben wurde. Zweitens ist sie nicht an sämtliche Mieter ausgefertigt worden. Drittens haben wir einen langfristigen Mietvertrag vereinbart, bei dem eine Mieterhöhung sowieso ausgeschlossen ist, und des weiteren ist die Miete zuletzt vor einem Jahr um 30% erhöht worden, so daß die Kappungsgrenze von drei Jahren gilt. Zudem wird noch die ortsübliche Miete überschritten. Die geforderte Miete werde ich nicht bezahlen.

Hochachtungsvoll

Mietrecht/Fortsetzungsverlangen bei Zeitmietverträgen

Mietverträge auf bestimmte Zeit enden grundsätzlich mit Ablauf der vereinbarten Laufzeit, ohne daß es einer Kündigung bedarf. Für den Mieter besteht jedoch die Möglichkeit, gegenüber dem Vermieter die Fortsetzung des Mietverhältnisses auf unbestimmte Zeit zu verlangen. Nach § 556a BGB muß das Fortsetzungsverlangen schriftlich und mindestens 2 Monate vor Ablauf der Mietzeit an den Vermieter gestellt werden. Die Formulierung eines Fortsetzungsverlangens könnte wie folgt lauten:

An den Vermieter

Betrifft: Fortsetzung des Mietverhältnisses auf unbestimmte Zeit

Sehr geehrter Herr ..., sehr geehrte Frau ...,

im Hinblick darauf, daß das zwischen uns bestehende zeitlich befristete Mietverhältnis mit Ablauf des 30.09.1997 enden würde, beantragen wir hiermit fristgerecht die Fortsetzung des Mietverhältnisses nach § 556a BGB auf unbestimmte Zeit.
Das Fortsetzungsverlangen begründen wir damit, daß wir für unsere Tochter nach langem Suchen endlich einen Kindergartenplatz gefunden haben. Ein Umzug würde für uns den Verlust dieses Kindergartenplatzes bedeuten, da wir voraussichtlich in diesem Wohnviertel keinen anderweitigen für uns bezahlbaren Wohnraum finden werden.
Des weiteren ist die finanzielle Situation derzeit äußerst angespannt, da die Firma, in der mein Mann tätig war, Konkurs angemeldet hat. Eine neue Arbeitsstelle hat mein Mann noch nicht gefunden. Die Kosten eines Maklers und die Kosten, die für den Umzug in eine neue Wohnung aufzuwenden wären, können von uns derzeit und auch mittelfristig nicht bezahlt werden. Wir verlangen deshalb die Fortsetzung des Mietverhältnisses auf unbestimmte Zeit.

Mit freundlichen Grüßen

Mietrecht/Gewerbliche Nutzung

Der Vermieter muß sich die gewerbliche Nutzung von Mieträumen nicht gefallen lassen. Er kann sich diesbezüglich beim Mieter beschweren. Reagiert der Mieter auf die Beschwerde nicht, kann der Vermieter das Mietverhältnis sogar fristlos kündigen. Die Beschwerde wird folgendermaßen formuliert:

Ihre Mietwohnung in ...

Sehr geehrte Frau / Sehr geehrter Herr ...,

bei meiner letzten Besichtigung mußte ich feststellen, daß ein Teil der Mieträume gewerblich genutzt wird. Damit bin ich nicht einverstanden. Sie haben die Räume zur Nutzung als Wohnraum angemietet. Die gewerbliche Nutzung wird von mir nicht genehmigt. Sollten Sie auf diese Beschwerde nicht reagieren, behalte ich mir die fristlose Kündigung vor.

Hochachtungsvoll

Mietrecht/Hausordnung

In den meisten Mehrfamilienhäusern existiert eine Hausordnung, die das gemeinschaftliche Zusammenleben regeln soll. In einer derartigen Hausordnung wird beispielsweise festgelegt, zu welchen Zeiten musiziert werden darf und welche Zeiten als Ruhezeiten einzuhalten sind. Trotzdem glauben immer wieder einige Mieter in einem Hause, sich nicht an eine Hausordnung halten zu müssen, und musizieren beispielsweise, wann sie es für richtig halten. In einem solchen Falle sollten Sie sich sofort über den Mieter, der gegen die Hausordnung verstößt, beim Vermieter bzw. bei der zuständigen Hausverwaltung beschweren. Sie sollten auch darauf drängen, daß gegenüber dem sich fehlverhaltenden Mieter eine Abmahnung ausgesprochen wird. Eine Beschwerde könnte wie folgt formuliert werden:

An den Vermieter ...

Betrifft: Ständiges Klavierspielen des Mieters X während der Ruhezeiten

Sehr geehrter Herr ..., sehr geehrter Frau ...,

hiermit beschwere ich mich mit Nachdruck gegen den Mieter X, der die unter meiner Wohnung liegende Wohnung gemietet hat.
Herr X spielt fast tagtäglich in der Zeit von 21.00 Uhr bis 22.15 Uhr Klavier in voller Lautstärke. Offensichtlich reagiert sich der Mieter X auf diese Art und Weise ab, wenn er von der Arbeit nach Hause kommt. Der Lärm ist für mich unzumutbar.
Nach der Hausordnung ist das Musizieren im Hause nur in der Zeit von 15.00 Uhr bis 19.00 Uhr erlaubt. Der Mieter X verstößt durch sein Verhalten eindeutig gegen die Hausordnung.
Ich fordere Sie hiermit auch auf, den Mieter X wegen seines Fehlverhaltens abzumahnen. Weiter behalte ich mir das Recht zur Mietzinsminderung wegen der ständigen Lärmbeeinträchtigung vor. Ich halte hier eine Mietminderung von mindestens 10% für angemessen.

Mit freundlichem Gruß

Mietrecht/Heizkostenabrechnung

Nach der Heizkostenverordnung ist der Vermieter verpflichtet, außer bei Gebäuden mit nicht mehr als zwei Wohnungen und von denen er eine noch selbst bewohnt, die anfallenden Heiz- und Warmwasserkosten nach Verbrauch zu erfassen und gegenüber den Mietern abzurechnen.
Falls der Vermieter entgegen den Vorschriften der Heizkostenverordnung nicht verbrauchsabhängig abrechnet, weil er es beispielsweise bislang verabsäumt hat, Gebrauchserfassungsinstrumente zu installieren, steht dem Mieter ein Kürzungsrecht des auf ihn entfallenden Heiz- und Warmwasserkostenanteils in Höhe von 15 % zu. Eine Beschwerde wegen nicht verbrauchsabhängiger Abrechnung könnte wie folgt formuliert werden:

An den Vermieter ....

Betrifft: Heizkostenabrechnung vom ...

Sehr geehrter Herr ..., Sehr geehrte Frau ...,

hiermit möchte ich mich ausdrücklich gegen die Art und Weise der von Ihnen mit Schreiben vom ... vorgelegten Heizkostenabrechnung beschweren. Entgegen den Vorschriften der Heizkostenverordnung rechnen Sie die auf unsere Wohnung entfallenden Heiz- und Warmwasserkosten nicht verbrauchsabhängig, sondern nach Wohnfläche ab. Dies ist jedoch unzulässig, da das Haus, in dem wir wohnen, aus 10 Wohneinheiten besteht. Wir fordern Sie auch nochmals mit Nachdruck auf, endlich Meßgeräte für die Feststellung des Heiz- und Warmwasserverbrauchs einzubauen.
Gemäß § 12 der Heizkostenverordnung machen wir hiermit auch von unserem Kürzungsrecht Gebrauch und behalten von dem auf uns entfallenden Heizkostenanteil 15% ein. Dies entspricht einem Betrag von DM 300,-.

Mit freundlichen Grüßen

Mietrecht/Kaution

Nach § 550b BGB muß der Vermieter von Wohnraum (nicht von Gewerberaum) die Kaution getrennt von seinem Vermögen anlegen. Sie können dies vom Vermieter verlangen, und Sie sollten sich beschweren, wenn er die Kaution diesbezüglich nicht anlegt oder Ihnen den Nachweis hierüber nicht erbringt. Eine Beschwerde sieht folgendermaßen aus:

An den Vermieter ...

Mietwohnung in ...

Sehr geehrte Damen und Herren,

wir haben mit Mietvertrag vom ... die vorgenannte Wohnung angemietet. Ich habe mehrfach gebeten, daß mir der Nachweis erbracht wird, wo die Kaution angelegt wurde. Ich beschwere mich nunmehr zum letzten Mal und setze Ihnen eine Frist von 1 Woche ab Zugang dieses Schreibens, mir den Nachweis der von Ihrem Vermögen getrennten Anlage der Kaution zu erbringen.

Mit freundlichen Grüßen

Mietrecht/Kautionsabrechnung

Hat der Mieter bei Beginn des Mietverhältnisses eine Kaution gestellt, so ist der Vermieter verpflichtet, nach Beendigung des Mietverhältnisses über die Kaution abzurechnen und das Kautionsguthaben einschließlich der angefallenen Zinsen an den Mieter zurückzubezahlen. Die Rechtsprechung hat hier als Frist, innerhalb deren der Vermieter über die Kaution spätestens abrechnen muß, einen Zeitraum von 2 bis 6 Monaten nach Beendigung des Mietverhältnisses für rechtmäßig erachtet. Es bedeutet, daß in der Regel die Kaution erst 2 bis 6 Monate nach Beendigung der Mietzeit zur Rückzahlung fällig wird.
Viele Vermieter zögern jedoch die Kautionsabrechnung wesentlich länger hinaus. In diesem Fall sollten Sie als Mieter Ihren Vermieter zur sofortigen Kautionsabrechnung und Kautionsrückzahlung auffordern. Ein Schreiben könnte wie folgt formuliert werden:

An den Vermieter ...

Betrifft: Kautionsabrechnung für die Wohnung Nr. 37, Eulenspiegelstr. 40 in ...

Sehr geehrter Herr ..., sehr geehrte Frau ...,

das zwischen Ihnen und mir bestehende Mietverhältnis ist seit 5 Monaten beendet.
Zu Beginn des Mietverhältnisses habe ich Ihnen am ... die vertraglich vereinbarte Kaution in Höhe von DM 3000.- übergeben.
Ich fordere Sie hiermit auf, binnen einer Frist von 2 Wochen ab Zugang dieses Schreibens über die Kaution abzurechnen und mir das Guthaben einschließlich der bislang aufgelaufenen Zinsen auf das unten angegebene Konto zu überweisen. Sollte die von mir gesetzte Frist ergebnislos verstreichen, so werde ich den Rechtsweg beschreiten. Ich gehe aber davon aus, daß dies nicht notwendig sein wird.

Mit freundlichen Grüßen

Mietrecht/Lärm

Die Lärmbelästigung in Mieträumen ist ein Streitpunkt, der immer häufiger auftritt. Die große Anzahl von Urteilen zeigt, daß die Mieter sich Lärmbelästigungen immer weniger gefallen lassen. Eine derartige Beschwerde könnten Sie folgendermaßen formulieren:

An den Vermieter ...

Beschwerde über Lärmbelästigung

Sehr geehrte Damen und Herren,

seit einigen Wochen hat der Mieter über mir ein neues Fernsehgerät, das er nachts so laut laufen läßt, daß ich überhaupt keinen Schlaf mehr finden kann. Ich möchte mich über das Verhalten des Mieters beschweren. Ich bitte allerdings gleichermaßen zu überprüfen, ob die erhebliche Lärmbelästigung nicht auch daher kommt, daß zwischen den beiden Wohnungen irgendwelche Schallbrücken vorhanden sind. Durch die Lärmbelästigung ist der Wohnwert meiner Wohnung so eingeschränkt, daß ich mir vorbehalte, den Mietzins um 20% zu mindern.

Mit freundlichem Gruß

Mietrecht/Mängel

Über Mängel an Ihrer Mietwohnung können Sie sich jederzeit beschweren. Sie müssen sich sogar beschweren, weil Sie ansonsten Ihre Rechte verlieren, denn nach § 545 des BGB ist der Mieter schadensersatzpflichtig, wenn er die Mängel dem Vermieter nicht anzeigt. Mängelanzeige heißt nichts anderes, als daß er sich über die Mängel beschwert. Ein Schreiben könnte folgendermaßen verfaßt werden:

An den Vermieter ...

Mängel in der Mietwohnung in ...

Sehr geehrte Damen und Herren,

mit Mietvertrag vom 05. Oktober ... haben wir die vorgenannte Wohnung angemietet. Es sind folgende Mängel aufgetreten:
(Nun Aufstellung der Mängel)
Wir beschweren uns über diese Mängel und fordern Sie auf, innerhalb einer Frist von 14 Tagen die Mängel zu beseitigen. Im übrigen werden wir den Mietzins bis zur Mängelbeseitigung um ... % mindern.

Hochachtungsvoll

Mietrecht/Mietpreisüberhöhung

Gemäß § 5 des Wirtschaftsstrafgesetzes handelt der Vermieter ordnungswidrig, wenn er vorsätzlich oder leichtfertig Wohnräume zu unangemessen hohem Entgelt vermietet. Unangemessen hoch sind dabei Mietzinsvereinbarungen, die infolge der Ausnutzung eines geringen Angebotes an vergleichbaren Räumen die üblichen Entgelte um mehr als 20 % übersteigen. Besonders in den letzten Jahren kam es aufgrund des geringen Angebots von bezahlbaren Wohnungen auf dem Wohnungsmarkt zu häufigen Verstößen gegen § 5 Wirtschaftsstrafgesetz. Sollten Sie den Verdacht haben, daß auch Ihre Miete viel zu hoch angesetzt ist, so können Sie ein Ermittlungsverfahren gegen Ihren Vermieter einleiten. Zuständig für dieses Verfahren sind die Wohnungsämter der Städte und Kommunen.
Ein Schreiben, mit dem die Durchführung des Ermittlungsverfahrens gegen den Vermieter wegen Mietpreisüberhöhung veranlaßt werden soll, könnte wie folgt formuliert werden:

An die Stadtverwaltung der Stadt ..., Amt für Wohnungswesen

Betrifft: Verdacht des Verstoßes gegen § 5 Wirtschaftsstrafgesetz
Mietwohnung im 1. Obergeschoß links, Wegstraße 1 in ...

Sehr geehrte Damen und Herren,

ich habe vor zwei Jahren vom Vermieter, Herrn X, eine 2-Zimmerwohnung mit 46 qm in der Wegstr. 1 in .... angemietet. Ich übersende Ihnen beiliegend den Mietvertrag vom .... Der Nettomietzins für die Wohnung beträgt DM 1.500,-.
Damit bezahle ich für meine Wohnung eine Nettomiete von genau DM 32,60 pro qm Wohnfläche. Der Mietzins für vergleichbare Wohnräume liegt jedoch meinen Erkundigungen nach und auch nach dem örtlichen Mietspiegel lediglich bei maximal DM 18,- pro qm. Damit liegt der von Herrn X verlangte Mietzins mehr als 20 % oberhalb der ortsüblichen Vergleichsmiete. Hinzu kommt, daß die Wohnung bereits mindestens 10 Jahre alt und in keinem besonders guten Zustand ist.
Die Räume können von Ihnen nach vorheriger Terminvereinbarung besichtigt werden, damit eine genaue Bewertung hinsichtlich des Mietzinses möglich ist. Sollten Sie noch weitere Angaben benötigen, so können Sie sich jederzeit an mich wenden.
Sollte das Ermittlungsergebnis dazu führen, daß tatsächlich ein Verstoß gegen § 5 Wirtschaftsstrafgesetz vorliegt, so beantrage ich bereits jetzt, den Mehrerlös, den der Vermieter X aus der Vermietung an mich erzielt hat, an mich abzuführen.

Mit freundlichen Grüßen

Mietrecht/Modernisierung

Gerade bei Altbauwohnungen kommt es häufig vor, daß der Vermieter während der Dauer des Mietverhältnisses die Mieträume modernisieren möchte. Gemäß § 541b BGB ist der Vermieter jedoch verpflichtet, Modernisierungsmaßnahmen nach Art, Umfang und Dauer mindestens 2 Monate vor Beginn der Baumaßnahme dem Mieter mitzuteilen. Sollten Sie also beispielsweise vom Vermieter ein Schreiben erhalten, womit dieser den Einbau einer Gasetagenheizung für Ihre Wohnung in den kommenden 14 Tagen ankündigt, so müssen Sie sich das nicht gefallen lassen. Ein Schreiben an den Vermieter könnte wie folgt formuliert werden:

An den Vermieter

Betrifft: Einbau der Gasetagenheizung
Ihr Schreiben vom ...

Sehr geehrter Herr ..., sehr geehrte Frau ...,

mit Schreiben vom ... haben Sie mir mitgeteilt, daß Sie sich dazu entschlossen hätten, in meiner Wohnung in der 3. Juniwoche ... eine Gasetagenheizung einzubauen.
Gegen Ihren Entschluß habe ich grundsätzlich nichts einzuwenden.
Allerdings weise ich Sie darauf hin, daß nach dem Gesetz Modernisierungsmaßnahmen, und hierzu zählt auch der Einbau einer Gasetagenheizung, mindestens 2 Monate vor Beginn der Maßnahme schriftlich angekündigt werden müssen. Diese gesetzlichen Vorgaben werden durch Ihr Schreiben nicht erfüllt.
Aus diesem Grunde werde ich auch den Einbau der Gasetagenheizung zu dem von Ihnen benannten Termin nicht dulden. Ich stelle anheim, ein neues wirksames Ankündigungsschreiben an mich zu richten.

Mit freundlichen Grüßen

Mietrecht/Nebenkostenabrechnung

Im Rahmen eines Mietverhältnisses kommt es häufig zu Streit zwischen Mieter und Vermieter über die Art und Weise, wie die Nebenkosten/Betriebskosten vom Vermieter abgerechnet werden. Eine Umlage der Nebenkosten/Betriebskosten auf die einzelnen Mieter ist nur aufgrund eines angemessenen Umlagemaßstabes möglich. Die 2. Berechnungsverordnung gibt als Umlagemaßstab die Wohnfläche des Hauses bzw. die Anzahl der Personen vor, die sich dauernd im Haus aufhalten. Der Umlageschlüssel kann im Einzelfall dann unangemessen sein, wenn beispielsweise der Vermieter den Wasserverbrauch für zwei gleich große Wohnungen nach Quadratmetern abrechnet, obwohl er weiß, daß die eine Wohnung von einer vierköpfigen Familie bewohnt wird und die andere von einer Einzelperson. Rechnet der Vermieter die Betriebskosten ab und legt er keinen angemessenen Verteilungsmaßstab zugrunde, so führt dies dazu, daß die Betriebskostenabrechnung unrichtig ist und der Mieter keine Nebenkosten/Betriebskosten nachzahlen muß. Sollte sich für den Mieter ein Guthaben ergeben, so hat er einen Anspruch darauf, daß der Vermieter korrekt unter Zugrundelegung eines angemessenen Verteilungsmaßstabes abrechnet. Sie sollten sich daher sofort bei Ihrem Vermieter über die Fehlerhaftigkeit der Abrechnung beschweren. Unternehmen Sie nichts gegen eine fehlerhafte Abrechnung und zahlen Sie beispielsweise vorbehaltlos, kann darin ein Anerkenntnis für zukünftige Abrechnungen liegen. Eine Beschwerde könnten Sie folgendermaßen formulieren:

An den Vermieter

Beschwerde über Betriebskostenabrechnung vom 05.04.1997

Sehr geehrter Herr ...,

vor kurzem habe ich Ihre Betriebskostenabrechnung für das Jahr 19.. vom 05.04.19.. erhalten. Aufgrund dieser Abrechnung errechnen Sie für das Jahr 1996 für meine Wohnung eine Betriebskostennachzahlung in Höhe von 743.- DM.
Die Betriebskostenabrechnung vom 05.04.19.. kann ich jedoch nicht akzeptieren. Sie basiert auf einem falschen Verteilerschlüssel. Sie haben den Wasserverbrauch meiner Wohnung nach der Wohnfläche berechnet. Dies hat zur Folge, daß ich pro Quadratmeter Wohnfläche genausoviel bezahle wie Familie X, die ein Stockwerk über mir eine Wohnung von gleicher Größe bewohnt. Die Familie X besteht aus 4 Personen und hat demzufolge einen wesentlich höheren Wasserverbrauch als ich allein.

Der von Ihnen gewählte Umlageschlüssel für den Wasserverbrauch sowie auch für die Müllgebühren, die Entwässerung usw. ist damit unangemessen. Ich sende Ihnen daher Ihre Betriebskostenabrechnung vom 05.04.19.. zu meiner Entlastung zurück und fordere Sie gleichzeitig auf, eine neue Abrechnung unter Zugrundelegung eines angemessenen Aufteilungsmaßstabes vorzulegen.

Mit freundlichen Grüßen

Mietrecht/Nichtbenutzbarkeit der Mieträume

Nach § 535 des BGB schuldet der Vermieter den ordnungsgemäßen Gebrauch der Mieträume. Wenn erhebliche Mängel in der Wohnung bestehen, kann der Mieter sich diesbezüglich beim Vermieter beschweren. Eine Beschwerde können Sie etwa so formulieren:

An den Vermieter ...

Nichtbenutzbarkeit der Mieträume in ...

Sehr geehrte Damen und Herren,

wir haben von Ihnen mit Mietvertrag vom 01. Juli 19.. vorgenannte Mieträume angemietet. Die Mieträume sind noch total unrenoviert und bis oben voll mit Inventar des Vormieters. Sie sind derzeit nicht benutzbar. Wir setzen eine Frist von zwei Wochen ab Zugang des Schreibens, die Benutzbarkeit herzustellen. Hiermit beschweren wir uns über diesen Zustand und melden sämtliche rechtlichen Konsequenzen an, die aus der Nichtbenutzbarkeit für uns entstehen, insbesondere, daß wir zum jetzigen Zeitpunkt nicht einziehen können und anderweitige Unterbringung notwendig wird.

Hochachtungsvoll

Mietrecht/Räumungsfrist

Gemäß § 721 ZPO besteht für den Mieter von Wohnraum, der zur Räumung der Wohnung verurteilt worden ist, die Möglichkeit, einen Antrag auf Gewährung einer sogenannten Räumungsfrist zu stellen. Ist ein solcher Räumungsfristantrag gestellt, so entscheidet das angerufene Gericht über die Gewährung einer Räumungsfrist, die längstens 1 Jahr betragen kann. Für den Vermieter besteht im Falle, daß das angerufene Gericht eine Räumungsfrist gewährt, die Möglichkeit, mit einer Beschwerde gegen die Entscheidung des Gerichts vorzugehen. Eine Beschwerde könnte wie folgt formuliert werden:

An das Amtsgericht ...

In der Sache X gegen Y

lege ich gegen die Entscheidung des Amtsgerichts vom 14.5.19.., dem Beklagten eine Räumungsfrist bis 31.12.19.. zu gewähren, Beschwerde ein.
Begründung:
Die Voraussetzungen für die Gewährung einer Räumungsfrist liegen nicht vor. Entgegen der Behauptung des Mieters wurden in den letzten sechs Monaten eben keine Mietzahlungen vorgenommen. Der beklagte Mieter befindet sich mit insgesamt 10 Monatsmieten in Zahlungsverzug. Es ist auch nicht zu erwarten, daß der finanzielle Engpaß auf seiten des Mieters in Kürze beendet ist und die Mieten nachbezahlt werden können. Für mich ist es unzumutbar, wenn der Mieter noch weitere sechs Monate in meiner Wohnung bleibt und es abzusehen ist, daß auch in dieser Zeit keine Mietzahlungen erfolgen werden. Aus diesem Grunde beantrage ich, den Beschluß, wonach dem Mieter eine Räumungsfrist gewährt worden ist, aufzuheben.

Hochachtungsvoll

Mietrecht/Schäden

Der Mieter einer Wohnung darf im Rahmen des Gebrauchs der Mietsache die Mieträume und die Ausstattung der Mieträume im angemessenen Umfang abnützen. Nutzt der Mieter jedoch die Wohnung in übergebührlicher Form ab, so spricht man regelmäßig von Schäden. Ein solcher Schaden liegt beispielsweise vor, wenn der Mieter den Teppichboden, mit dem die Mietwohnung ausgelegt ist, durch Brandlöcher beschädigt hat. In diesem Fall ist der Mieter, falls ihn ein Verschulden trifft, zum Ersatz dieses Schadens verpflichtet.
Häufig werden die Schäden erst am Ende der Mietzeit nach Übergabe der Mieträume vom Vermieter bemerkt. Die festgestellten Schäden sollten sofort gegenüber dem Mieter angezeigt werden. Ein Schreiben an den Mieter könnte wie folgt formuliert werden:

An den Mieter ...

Betrifft: Schäden in Ihrer Wohnung

Sehr geehrter Herr ... , sehr geehrte Frau ...,

bei Übergabe der Wohnung am 31.03.19.. wurden folgende Mängel festgestellt:
- Der Spiegelschrank im Bad war zerbrochen.
- Der Teppichboden im Wohnzimmer wies 11 Brandlöcher mit einem Durchmesser von 2 bis 8 cm auf.
- 5 Fliesen des Küchenbodens sind gesprungen und scharfkantig abgesplittert.

Für den Ersatz der vorgenannten Schäden ist von Ihnen ein Schadensersatz von mindestens DM 800.- zu leisten. Ich verweise in diesem Zusammenhang auf die beigefügten Kostenvoranschläge. Weil Sie in der neu erstellten Wohnung lediglich 10 Monate gewohnt haben, ist ein Abzug alt für neu nicht erforderlich. Sollten Sie den vorgenannten Schadensersatzbetrag nicht binnen einer Frist von 1 Woche ab Zugang dieses Schreibens an mich bezahlen, so werde ich ohne weitere Vorankündigung den Gerichtsweg beschreiten.

Hochachtungsvoll

Mietrecht/Schönheitsreparaturen

Nach dem Gesetz schuldet der Vermieter die Schönheitsreparaturen. Im Klartext heißt dies, daß der Vermieter die Wohnung regelmäßig renovieren muß. In den meisten Mietverträgen wird aber vereinbart, daß der Mieter die Schönheitsreparaturen trägt. Wenn der Vermieter feststellt, daß der Mieter die Schönheitsreparaturen während der Mietzeit nicht durchgeführt hat, kann er sich folgendermaßen beim Mieter beschweren:

An den Mieter ...

Schönheitsreparaturen in Ihrer Wohnung

Sehr geehrte Damen und Herren,

bei meiner vor kurzem erfolgten Besichtigung Ihrer Wohnung habe ich festgestellt, daß die Wohnung seit Jahren nicht gestrichen wurde. Sämtliche Fenster, Türen und Heizungen sind ebenfalls zu renovieren. Ich möchte mich hiermit förmlich bei Ihnen darüber beschweren und bitte Sie, innerhalb einer Frist von vier Wochen die längst fällig gewordenen Schönheitsreparaturen durchzuführen.
Nach § 10 des Mietvertrages haben Sie die Verpflichtung übernommen, während der Mietzeit die Schönheitsreparaturen auszuführen.

Mit freundlichem Gruß

Mietrecht/Tierhaltung im Haus

Es kann für andere Mitmieter sehr störend sein, wenn der Eigentümer eines Tieres sich um dieses nicht kümmert, es insbesondere nicht beaufsichtigt oder z. B. einen Hund nachts stundenlang bellen läßt. Eine Beschwerde gegenüber einem anderen Mieter würde folgendermaßen formuliert werden:

Herrn/Frau ...

Hundehaltung

Sehr geehrte(r) Frau/Herr ...,

seit vier Wochen halten Sie einen Hund in Ihrer Wohnung. Abgesehen davon, daß durch den Hund mehrfach das Treppenhaus verunreinigt wurde, was wir jederzeit nachweisen können, kommt es nächtlich zu erheblichen Ruhestörungen durch ständiges Bellen in der Wohnung. Ich möchte mich in dieser Angelegenheit vorab erst einmal an Sie wenden und noch nicht an den Hauseigentümer. Sollten Sie der Bitte um Abhilfe nicht innerhalb einer Frist von zwei Tagen nachkommen, werde ich mich allerdings diesbezüglich an den Hauseigentümer wenden, wobei ich Sie schon jetzt darauf hinweise, daß nach unserem Mietvertrag die Tierhaltung nicht genehmigt ist.

Mit freundlichen Grüßen

Mietrecht/Untervermietung

Der Vermieter braucht sich die nicht genehmigte Untervermietung nicht gefallen zu lassen. Er kann sich diesbezüglich beim Mieter beschweren und ihm notfalls sogar die fristlose Kündigung androhen. Der Text einer solchen Beschwerde sieht folgendermaßen aus:

Die von mir vermietete Wohnung in ...

Sehr geehrte Damen und Herren,

bei meiner letzten Besichtigung der Wohnung konnte ich anhand der Türschilder feststellen, daß hier Untermieter ohne meine Genehmigung aufgenommen wurden. Damit bin ich nicht einverstanden. Sollten Sie auf diese Beschwerde nicht innerhalb einer Frist von einer Woche reagieren und die Untervermietung beenden, werde ich das Mietverhältnis fristlos kündigen.

Hochachtungsvoll

Mietrecht/Vermieterpfandrecht

Der Vermieter hat für Forderungen aus dem Mietverhältnis ein Pfandrecht an den eingebrachten Sachen des Mieters (§§ 559ff. BGB). Dieses Pfandrecht sollte jeder Vermieter im Rahmen der Beschwerde über unpünktliche oder Nichtzahlung der Miete geltend machen. Wie dies aussieht, können Sie folgender Beschwerde entnehmen:

An den Mieter ...

Unpünktliche Mietzahlung bzw. Nichtzahlung der Miete in folgenden Monaten: ..

Sehr geehrte Damen und Herren,

gemäß beiliegender Aufstellung meiner Buchhaltung können Sie feststellen, daß in den vorgenannten Monaten dreimal die Miete unpünktlich und zweimal überhaupt nicht gezahlt wurde. Ich möchte mich hiermit darüber beschweren und drohe Ihnen für den Fall der nochmaligen Nichtzahlung der Miete die fristlose Kündigung an. Des weiteren mache ich gleichzeitig das Vermieterpfandrecht geltend. Nach §§ 559 ff. BGB dürfen Sie keine Sachen mehr, die in Ihrem Eigentum stehen, aus den Mieträumen herausschaffen. Sollten Sie zuwiderhandeln, werde ich sofort Strafanzeige erstatten, weil die Gegenstände dem Vermieterpfandrecht unterliegen und die Herausschaffung strafbar ist.

Mit freundlichem Gruß

Mietrecht/Verspätete Mietzahlung

Viele Vermieter und Mieter wissen nicht, daß ein von der Rechtsprechung entwickeltes Kündigungsrecht existiert für den Fall, daß der Mieter häufig die Miete unpünktlich zahlt. Die Rechtsprechung neigt derzeit dazu, daß bei sechsmaliger verspäteter Mietzahlung in einem gewissen zusammenhängenden Zeitraum von beispielsweise 1 1/2 Jahren der Vermieter fristlos kündigen kann. Voraussetzung ist allerdings, daß er sich beim Mieter vorher diesbezüglich beschwert und ihm die fristlose Kündigung angedroht hat. Eine derartige Beschwerde oder Abmahnung würde folgendermaßen formuliert werden:

An den Mieter ...

Beschwerde über unpünktliche Mietzahlungen

Sehr geehrte Damen und Herren,

wir senden Ihnen in der Anlage die Kopie eines Ausdrucks unserer Buchhaltung, aus der Sie entnehmen können, daß Sie seit zwei Jahren die Miete keinen Monat pünktlich zahlen, obwohl im Mietvertrag die Mietzahlungspflicht für den dritten Werktag vereinbart wurde. Wir möchten uns hierüber nunmehr letztmalig beschweren und drohen Ihnen für den Wiederholungsfall die fristlose Kündigung an.

Mit freundlichen Grüßen

Mietrecht/Vertragswidriger Gebrauch

Der Vermieter braucht sich einen vertragswidrigen Gebrauch der Mietsache nicht gefallen zu lassen. Unter vertragswidrigem Gebrauch ist auch die Umgestaltung der Mieträume in einer baulichen Art und Weise zu verstehen, die mit dem Mietzweck nichts mehr zu tun hat. Wie eine derartige Beschwerde aussieht, können Sie dem folgenden Schreiben entnehmen:

Herrn/Frau ...

Die von mir vermietete Wohnung

Sehr geehrte Damen und Herren,

ich habe bei meiner letzten Besichtigung feststellen müssen, daß Sie in der Wohnung erhebliche bauliche Veränderungen vorgenommen haben, die nicht mehr im Rahmen des normalen Mietzwecks liegen. U. a. haben Sie Wände versetzt und neue Fenster eingebaut. Damit bin ich nicht einverstanden. Ich fordere Sie auf, die baulichen Änderungen innerhalb einer Frist von vier Wochen ab Zugang des Schreibens zu beseitigen. Nach Ablauf der Frist behalte ich mir vor, fristlos zu kündigen, falls Sie auf diese Beschwerde nicht reagieren.

Mit freundlichen Grüßen

Mietrecht/Wegnahme von Einrichtungsgegenständen

Gemäß § 547a BGB ist der Mieter berechtigt, Einrichtungsgegenstände, mit denen er die Mieträume ausgestattet hat, wegzunehmen. Dies bedeutet, daß, falls der Mieter eine Einbauküche eingebaut hat, er diese bei Beendigung des Mietverhältnisses wieder ausbauen darf. Für den Vermieter besteht allerdings die Möglichkeit, die Ausübung des Wegnahmerechts durch den Mieter abzuwenden, wenn er dem Mieter eine angemessene Entschädigung für die Einrichtung anbietet. Möchte also der Vermieter, daß der Mieter Einrichtungen in der Wohnung beläßt, so sollte er der Entfernung der Einrichtungsgegenstände durch den Mieter widersprechen und eine angemessene Entschädigung anbieten. Ein Schreiben könnte wie folgt formuliert werden:

An den Mieter ...

Betrifft: Ausbau Einbauküche

Sehr geehrter Herr ..., sehr geehrte Frau ...,

nachdem das Mietverhältnis durch Ihre Kündigung in Kürze enden wird, widerspreche ich hiermit dem Ausbau der von Ihnen eingebrachten Einbauküche. Ich biete Ihnen hiermit eine zeitanteilige Entschädigung für den Verbleib der Einbauküche in den Mieträumen in Höhe von DM 5000.- an.
Sollten Sie mit der Ablöse nicht einverstanden sein, so schlage ich vor, die tatsächliche Entschädigung durch einen unparteiischen Sachverständigen feststellen zu lassen. Sollten Sie dennoch die Einbauküche ausbauen, so behalte ich mir die Geltendmachung von Schadensersatzansprüchen vor.

Mit freundlichen Grüßen

Mietrecht/Widerspruch gegen Kündigung

Hat der Vermieter gegenüber dem Mieter von Wohnräumen eine Kündigung ausgesprochen, so bedeutet dies nicht automatisch, daß dadurch das Mietverhältnis beendet wird. Nach § 556a BGB besteht für den Mieter die Möglichkeit, der Kündigung des Vermieters zu widersprechen und die Fortsetzung des Mietverhältnisses zu verlangen, wenn auf seiten des Mieters sogenannte Härtegründe bestehen, die das Interesse des Vermieters an der Beendigung des Mietverhältnisses überwiegen. Der Widerspruch gegen die Kündigung muß schriftlich und spätestens 2 Monate vor Beendigung des Mietverhältnisses gegenüber dem Vermieter erfolgen. Ein Schreiben an den Vermieter könnte wie folgt formuliert werden:

An den Vermieter ...

Betrifft: Ihre Kündigung des Mietverhältnisses vom 02.03.19..

Sehr geehrter Herr ..., sehr geehrte Frau ...,

hiermit bestätige ich Ihnen den Erhalt Ihres Kündigungsschreibens vom 02.03.19... Da Sie das Mietverhältnis zum 31.08.19.. kündigen, widerspreche ich hiermit innerhalb der Widerspruchsfrist von 2 Monaten Ihrer Kündigung.
Den Widerspruch begründe ich damit, daß die Beendigung des Mietverhältnisses durch die von Ihnen ausgesprochene Kündigung für mich und meine Familie eine unzumutbare Härte bedeutet. Meine Frau und ich bewohnen nunmehr seit fast 7 Jahren die von Ihnen angemietete Wohnung. Mein Sohn Florian ist 9 Jahre alt und besucht derzeit die 3. Klasse in der St. Martin-Grundschule. Die Grundschule liegt nur etwa 5 Gehminuten von unserer Wohnung entfernt. Unsere Tochter Julia besucht derzeit die 6. Klasse des Luisen-Gymnasiums. Das Luisen-Gymnasium ist lediglich 2 U-Bahn-Haltestationen von unserer Wohnung entfernt. Ein Umzug würde für unsere ganze Familie den Verlust der sozialen Kontakte bedeuten, die in den letzten Jahren in diesem Wohnviertel geknüpft wurden. Unser Sohn Florian würde durch einen Schulwechsel wahrscheinlich seine gesamten Freunde verlieren. Des weiteren haben wir festgestellt, daß Ersatzwohnraum zu bezahlbaren Preisen kaum zu finden ist.
Bei allem Verständnis für Ihre Tochter, die gerne in unsere Wohnung einziehen will, können wir nicht umhin, Ihrer Kündigung zu widersprechen, da wir dringend auf die von Ihnen angemietete Wohnung angewiesen sind.

Mit freundlichen Grüßen

Mietrecht/Zurückbehaltungsrecht

Treten bei der von Ihnen angemieteten Mietsache oder bei den von Ihnen angemieteten Mieträumen Mängel auf, so nutzt es oft nichts, wenn Sie dem Vermieter gegenüber die Mängel lediglich anzeigen. Oftmals bedarf es auch eines gewissen finanziellen Druckes, um den Vermieter zur Mängelbeseitigung zu bewegen. Ein solches Druckmittel stellt neben dem Minderungsrecht das sogenannte Zurückbehaltungsrecht dar. Der Unterschied zwischen Minderung (siehe auch Mängel) und Zurückhaltung der Miete liegt darin, daß der Mietzins in Höhe der Minderungsquote erlischt und nicht mehr bezahlt werden muß, während beim Zurückbehaltungsrecht der zurückbehaltene Mietzins nach Beseitigung des Mangels nachbezahlt werden muß. Allerdings kann der Betrag, der zurückgehalten wird, wesentlich höher angesetzt werden als der Minderungsbetrag. So wird in der Rechtsprechung von einem Betrag des 3- bis 5fachen Minderungsbetrages ausgegangen. Empfehlenswert ist auch, sowohl Minderungsrecht als auch Zurückbehaltungsrecht gleichzeitig geltend zu machen. Sollten also bei Ihrer Mietsache Mängel auftreten, so könnte ein Schreiben an den Vermieter derart formuliert werden:

An den Vermieter

Betrifft: Mängel an den Mieträumen

Sehr geehrte Frau ...., sehr geehrter Herr ...,

bereits vor zwei Wochen habe ich Ihnen mitgeteilt, daß sich meine Wohnung nicht mehr richtig beheizen läßt und auch kein warmes Wasser mehr aus der Leitung kommt. Offensichtlich ist die Heizungsanlage defekt. Es können nur noch Temperaturen von maximal 18°C bei voller Heizleistung erreicht werden. Das warme Wasser ist vor nunmehr einer Woche ganz ausgefallen.
Bislang haben Sie auf mein Schreiben nicht reagiert.
Aus diesem Grunde mindere ich die Miete um 50%.
Darüber hinaus mache ich in Höhe von 50% der restlichen Miete ein Zurückbehaltungsrecht bis zur vollständigen Beseitigung der Mängel, also bis zur vollständigen Wiederherstellung der Heizungs- und Warmwasserversorgung, geltend.

Mit freundlichen Grüßen

Nachbar/Nadel- und Blütenbefall

Gegen erheblichen Nadel- und Blütenbefall aus dem Nachbargrundstück kann sich jeder Nachbar gem. § 906 BGB wehren. Es ist allerdings zu beachten, daß hier nicht jede Bagatellbeeinträchtigung zu berücksichtigen ist, sondern nur erhebliche Beeinträchtigungen. Eine Beschwerde würde folgendermaßen aussehen:

Herrn/Frau ...

Blütenbefall aus Ihrem Grundstück

Sehr geehrte Damen und Herren,

von Ihrem Grundstück kommt es immer wieder zu einem Blütenbefall auf unsere Terrasse. Da wir auf unserer Terrasse Kunststein verlegt haben, rufen die Blüten Farbflecken hervor, die nicht zu entfernen sind. Es handelt sich hier auch um keine ortsübliche Situation, die von uns zu dulden ist. Ich bitte Sie, den Mißstand abzustellen. Unser Anspruch ergibt sich aus § 906 BGB.

Hochachtungsvoll

Nachbarrecht/Bäume und Sträucher

Häufig ärgert man sich darüber, daß Nachbarn ein eigenwilliges Verhältnis zur Gartenpflege haben. Grundstücke werden oft wahllos bepflanzt, ohne daß die Folgen dieser Bepflanzung bedacht werden. So verursachen beispielsweise Bäume und Sträucher einen erheblichen Anfall von Laub bzw. Nadeln. Auch wird der Lichteinfall durch zu hohe Bäume und Sträucher beeinträchtigt. Nach den gesetzlichen Vorschriften sind entlang der Grundstücksgrenzen bestimmte Pflanzabstände vorgesehen. Welche Pflanzabstände gültig sind, richtet sich je nach Bundesland. Sie sollten sich diesbezüglich bei der Gemeinde oder einem Rechtsanwalt erkundigen. In Bayern müssen Bäume und Sträucher, die unter 2 m hoch sind, mindestens in einer Entfernung von 50 cm von der Grundstücksgrenze liegen. Bäume und Sträucher von über 2 m müssen mindestens 2 m von der Grundstücksgrenze entfernt sein. Sind diese Grenzabstände nicht eingehalten, so kann man als Nachbar die Beseitigung der Pflanzen verlangen, die den Grenzabstand nicht einhalten.
Zunächst empfiehlt es sich aber, eine Beschwerde gegen den Grundstücksnachbarn zu richten und ihm eine Frist zur Beseitigung der Bäume und Sträucher zu setzen. Eine Beschwerde könnte wie folgt formuliert werden:

An den Nachbarn

Betrifft: Beseitigung der Lärche an der Grundstücksgrenze

Sehr geehrter Herr ...,

zunächst möchte ich mich bei Ihnen darüber beschweren, daß Sie direkt an die Grundstücksgrenze eine Lärche gepflanzt haben. Gemessen vom Mittelpunkt des Stammes der Lärche beträgt der Grenzabstand lediglich 30 cm. Da die Lärche mindestens 4 m hoch ist, ist der nach den gesetzlichen Bestimmungen vorgesehene Grenzabstand nicht eingehalten. Da damit zu rechnen ist, daß die Lärche innerhalb der nächsten Zeit noch einmal so hoch wird, bin ich nicht bereit, die Bepflanzung zu akzeptieren. Unabhängig davon, daß ich nicht bereit bin, auch noch die Nadeln, die der Baum abwirft, zu beseitigen, bin ich auch nicht gewillt, die Beeinträchtigung des Lichteinfalls hinzunehmen. Durch die Lärche fällt weniger Sonnenlicht auf meine Terrasse. Diese droht dadurch zu vermoosen. Zur Beseitigung der Lärche setze ich Ihnen eine Frist von 3 Wochen ab Zugang dieses Schreibens. Sollte die Lärche bis dahin nicht beseitigt sein, so werde ich die Beseitigung des Baumes gerichtlich einklagen.

Hochachtungsvoll

Nachbarrecht/Gefahrdrohende Anlage

Viele Grundstückseigentümer glauben, daß sie auf ihrem Grundstück tun und lassen können, was sie wollen. Diese Auffassung wird aber nur zum Teil durch das bei uns geltende Gesetz gedeckt. Richtet beispielsweise ein Grundstückseigentümer auf seinem Grundstück gefahrdrohende Anlagen ein, wie Befeuerungsanlangen, Tiergehege, Bienenhäuser, Abfallgruben etc., so können Sie, sobald von diesen Anlagen Beeinträchtigungen ausgehen, dagegen vorgehen und gegebenenfalls die Beseitigung dieser Anlagen vom Nachbarn fordern. Ein Schreiben an den Nachbarn könnte wie folgt formuliert werden:

An den Nachbarn

Betrifft: Beseitigung Ihrer illegalen Abfallgrube

Sehr geehrter Herr ... ,

aufgrund der enormen Geruchsbelästigung, die ich seit einigen Tagen festgestellt habe, bin ich darauf gestoßen, daß Sie hinter Ihrem Haus eine private Abfallgrube zur Hausmüllentsorgung unterhalten. Ich weise darauf hin, daß nach den gesetzlichen Bestimmungen eine private Müllentsorgung nicht gestattet ist. Ich werde deshalb die Behörden über Ihre illegale Abfallentsorgung unterrichten. Weiter fordere ich Sie auf, binnen einer Frist von 5 Tagen die Abfallgrube zu beseitigen. Die enorme Geruchsbelästigung ist unzumutbar. Sollten Sie die Frist ergebnislos verstreichen lassen, so werde ich nach § 907 BGB die Beseitigung der Abfallgrube gerichtlich einklagen.

Hochachtungsvoll

Nachbesserung

Folgender Fall tritt relativ häufig ein: Eine Waschmaschine oder ein sonstiger Gegenstand war defekt und wurde von dem Kundendienst repariert. Nach wenigen Tagen tritt der gleiche Defekt wieder auf. Der Kundendienst kommt nochmals, repariert die Waschmaschine und wechselt wieder das gleiche Ersatzteil aus. Wenige Tage später flattert eine Rechnung hierfür in das Haus des Auftraggebers. Dieser hätte recht, wenn er folgendes Beschwerdeschreiben verfassen würde:

An den Kundendienstservice der Firma ...

Kundendienstrechnung Nr. ... vom ...

Sehr geehrte Damen und Herren,

vor drei Wochen wurde mir mit der Rechnung Nr. ... vom ... der Kundendienst für die Reparatur der Waschmaschine in Rechnung gestellt. Seinerzeit war die Ein- und Ausschaltautomatik defekt, und das Teil mußte ausgewechselt werden. Drei Tage später, als ich die Rechnung schon erhalten und bezahlt hatte, funktionierte die gleiche Ein- und Ausschaltautomatik wieder nicht. Ich bestellte daraufhin Ihren Kundendienstmonteur erneut zu mir, der mir erklärte, daß es sich um den gleichen Defekt handle und daß er nochmals die gleiche Reparatur durchführen müsse, weil das Ersatzteil wieder defekt sei.
Ich denke nicht daran, die heute mir deswegen zugesandte Rechnung zu bezahlen. Bei dem erteilten Auftrag handelt es sich um einen Werkvertrag. Im Rahmen eines Werkvertrages ist der Werkunternehmer verpflichtet, bei einer mangelhaften Reparatur innerhalb der gesetzlichen Frist die Reparatur nochmals kostenlos durchzuführen. Ich sende Ihnen Ihre Rechnung zurück und verweise Sie auf den Klageweg, falls Sie meinen, diese unberechtigte Forderung durchsetzen zu müssen.

Hochachtungsvoll

(siehe auch: Werkvertrag)

Nichtzahlung

Bezüglich Beschwerden oder Mahnungen bei nichtzahlenden Schuldnern herrschen in der Öffentlichkeit eigenartige Vorstellungen. Immer wieder hört man, daß drei Mahnungen notwendig seien, um einen Schuldner in Verzug zu setzen. Eine Mahnung oder eine Beschwerde darüber, daß ein Schuldner nicht bezahlt hat, ist nicht mehrfach notwendig. Nach § 284 des Bürgerlichen Gesetzbuches reicht eine einmalige Mahnung aus. Es gibt verschiedene Formen der Mahnung und Beschwerde in diesem Bereich. Da gibt es die freundliche Form, in der man den Schuldner bittet, in Bälde zu zahlen. Eine derartige freundliche Form eines Mahn- oder Beschwerdeschreibens kann jedoch inhaltlich so vage sein, daß daraufhin die Rechtsfolge der §§ 284ff. des BGB nicht eintritt. Das Gesetz sieht allerdings keine bestimmte Form der Mahnung vor, sondern nur, daß man den Schuldner in Verzug setzen muß, ihm also, soweit vertraglich nicht sowieso eine Frist vereinbart wurde, eine Zahlungs- oder Leistungsfrist setzt. Erst durch ein derartiges Schreiben, dessen Zugang der Absender nachweisen muß, gerät der Leistungsverpflichtete in Verzug. Rechtlich bedeutet dies, daß er im Augenblick des Verzugs jeglichen Schaden ersetzen muß, der durch die Nichtzahlung oder Nichtleistung eintritt. Wir haben deswegen zwei verschiedene Schreiben entworfen, die einmal den Verzugseintritt allgemein beinhalten und einmal den Verzugseintritt bei Nichtzahlung.

Sehr geehrte(r) Frau/Herr ...,

nach unserer Vereinbarung vom ... / nach Ihrer Zusage vom ... / nach meiner Rechnung vom ... war die Zahlung des darin benannten Geldbetrages zum ... fällig. Leider können wir auf unseren Konten bis heute noch keinen Geldeingang feststellen. Wir mahnen hiermit die Bezahlung des Geldbetrages von DM ... an. Wir bitten Sie, diesen Betrag unbedingt bis zum ... auf eines unserer Konten zu überweisen. Dieses Schreiben erfüllt die Rechtswirkungen der §§ 284ff. BGB; insbesondere verweisen wir auf § 286 BGB, wonach Sie durch dieses Schreiben in Verzug geraten sind.

Alternativ, falls vertraglich eine bestimmte Zahlungsfrist vereinbart war, müßte der Text folgendermaßen lauten:

Wir weisen darauf hin, daß Sie aufgrund der festen Zahlungsfrist gemäß § 286 BGB seit dem ... in Verzug sind und jeglichen Schaden zu ersetzen haben. § 286 BGB bedeutet, daß jeglicher Verzugsschaden zu ersetzen ist. Verzugsschaden ist für uns nicht nur der Zinssatz, den wir aufgrund der ständigen Überziehungskredite zahlen müssen, sondern es sind auch die durch dieses Schreiben entstandenen Kosten und Anwaltsgebühren, die bei Nichtzahlung zum vorgenannten Zeitpunkt anfallen werden.

Mit freundlichen Grüßen

(siehe auch: Schulden)

Notar

Auch gegen das Handeln eines Notars können Sie selbstverständlich vorgehen. Lehnt ein Notar beispielsweise aus Gründen, die nicht stichhaltig sind, eine Beurkundung ab, so können Sie sich hierüber beschweren. Die Beschwerde richten Sie augenblicklich an die Bundesnotarkammer, wobei auch jede regionale Notarkammer zuständig ist.

An die Bundesnotarkammer
Burgmauer 53
50667 Köln

Beschwerde über Herrn Notar Dr. ...

Sehr geehrte Damen und Herren,

am 05. Juli 19.. wollte ich bei Herrn Notar Dr. ... die Beurkundung eines Grundstückskaufvertrages vornehmen. Während der Beurkundung beriet er den Verkäufer einseitig. Das gesamte Vertragswerk ist so eindeutig zugunsten des Verkäufers, daß ich es Ihnen zur Überprüfung übersende. Ich bitte, gegen den Notar einzuschreiten, weil der Notar bekanntlich beide Seiten informieren soll und nicht ein einseitiger Parteienvertreter ist.

Mit freundlichen Grüßen

Öffentliche Grünanlagen/Schlechte Pflege

Die Pflege öffentlicher Grünanlagen sowie die Pflege von Parkanlagen im Bereich öffentlicher Plätze und entlang öffentlicher Straßen ist Aufgabe der Kommunen. Städte und Gemeinden sind damit verpflichtet, für die ordnungsgemäße Bewirtschaftung und Pflege sämtlicher Grünanlagen im Gemeindebereich zu sorgen. Leider wird diese Aufgabe oft nur unzureichend erfüllt.
Sollten Sie Feststellungen treffen, daß eine Kommune Grünanlagen verwahrlosen läßt oder einer ordnungsgemäßen Pflege nicht nachkommt, so ist eine sofortige Beschwerde an das zuständige Amt und auch an den Gemeinderat bzw. den Stadtrat geboten. Eine Beschwerde könnte wie folgt formuliert werden:

An die Stadtverwaltung der Stadt X
Abteilung Stadtgärtnerei

Betrifft: Verwahrlosung des Stadtparks

Sehr geehrte Damen und Herren,

als Hundehalter gehe ich fast täglich durch den Stadtpark. In den letzten Wochen ist mir aufgefallen, daß die Abfalleimer im Stadtpark nicht mehr regelmäßig geleert worden sind und daß der gesamte Abfall im Stadtpark verstreut ist. Weiter ist mir aufgefallen, daß die Wiesen seit Wochen nicht mehr gemäht worden sind und das Unkraut sämtliche Neuanpflanzungen überwuchert hat. Ich darf Sie auch darüber in Kenntnis setzen, daß sich viele Hundehalter nicht wie vorgeschrieben daran halten, ihre Hunde anzuleinen. Die Hunde laufen wild im Park umher und verkoten das gesamte Gelände. Ein Begehen der Grünfläche ist nicht mehr möglich, ohne daß man Gefahr läuft, in Hundekot zu treten. Der Zustand, in dem sich unser Stadtpark befindet, ist wirklich skandalös.
Ich möchte mich hiermit mit Nachdruck über den für den Stadtpark zuständigen Betreuer bzw. Amtsleiter beschweren. Ich bitte Sie, sich unverzüglich selbst an Ort und Stelle über die Mißstände zu informieren und entsprechende Schritte in die Wege zu leiten.
Mit gleicher Post habe ich den Stadtrat über die Zustände informiert.

Mit freundlichen Grüßen

Partys und Feiern im Haus

In der Öffentlichkeit herrscht die eigenartige Meinung, daß jeder Mieter einmal im Monat ein Fest feiern darf und andere Mieter dagegen nichts unternehmen dürfen. Gleiches gilt auch bezüglich des Feierns von Festen im Garten, des Grillens und sonstiger Lärm- oder Immissionsbelästigungen. Eine derartige Rechtsprechung existiert nicht, obgleich diese des öfteren zitiert wird. Jeder Mieter oder jeder Hauseigentümer kann so oft feiern, wie er will. Voraussetzung ist, daß der Mitmieter oder der Nachbar dadurch nicht gestört oder gar belästigt wird. Gleiches gilt natürlich auch fürs Grillen im Garten und auf dem Balkon. Selbstverständlich gilt das für alle Tätigkeiten, die zu einer Lärm-, Geruchs- oder sonstigen Belästigung führen. Zu diesem Zweck haben wir drei Musterbeschwerdebriefe entworfen, die Ihnen helfen können, einen wohlformulierten Text zu versenden, ohne daß gleich ein Streit entsteht.

Party- bzw. Musiklärm aus der Wohnung des Mieters

Sehr geehrte(r) Vermieter(in),

der neu eingezogene Mieter ... macht sich durch Lärmbelästigung im Haus unliebsam bemerkbar. Er feiert oftmals bis in die späten Nachtstunden Partys. Ich möchte Sie deshalb bitten, den Mieter darauf hinzuweisen, daß die in der Hausordnung festgesetzten Ruhezeiten einzuhalten sind und daß die Musik die Zimmerlautstärke nicht überschreiten darf.
Ich bin keineswegs daran interessiert, daß es mit Frau/Herrn ... zu einem Streit kommt. Ich würde mich freuen, wenn Sie den Mieter in der entsprechenden Form darauf hinweisen würden.

Mit freundlichen Grüßen

An den Mieter

Ihre Party vom ...

Sehr geehrte(r) Mieter(in),

sicherlich gehört es zum normalen Lebensgefühl, ab und an ein Fest zu feiern. Wenn allerdings alle Mieter in unserem Mietshaus diesem Lebensgefühl nachgeben würden, wäre nachts praktisch keine Hausruhe mehr gewährleistet.
Während Ihrer letzten Feier war es uns Nachbarn nicht möglich, schlafen zu können. Deshalb würde ich mich sehr freuen, wenn Sie im Hinblick auf Ihre nächste Party Ihre Musik so einstellen könnten, daß die Zimmerlautstärke nicht überschritten wird.
Vielleicht könnten Sie uns zuvor Bescheid geben, so daß wir zur gleichen Zeit auch ein Fest geben können.

Mit freundlichen Grüßen

An den Nachbarn

Party vom ...

Sehr geehrte(r) Frau (Herr) ...,

am ... hatten Sie ein Gartenfest, das uns doch erheblich störte. Wir sind zwar an einer guten Nachbarschaft interessiert. Sie müssen aber dennoch verstehen, daß wir gewisse Beeinträchtigungen nicht akzeptieren können.
Aufgrund der Tatsache, daß die Grillkohlen nicht gelöscht wurden, kam es noch stundenlang zu einer erheblichen Geruchsbelästigung in unserem Garten. Da der Wind drehte, zogen die Rauchschwaden aus dem Grill direkt zu uns. Ich bitte Sie, zukünftig so zu grillen, daß die Geruchsbelästigung nach einer gewissen Zeit beendet ist.
Weiter kam es die ganze Nacht zu einer erheblichen Lärmbelästigung. Vielleicht könnten Sie die Musikgeräte so einstellen, daß wir wenigstens ab vierundzwanzig Uhr unsere Nachtruhe haben.

Mit freundlichen Grüßen

Petition

Nach Art. 17 des Grundgesetzes hat jedermann das Recht, sich einzeln oder in Gemeinschaft mit anderen schriftlich mit Bitten oder Beschwerden an die zuständigen Stellen oder an die Volksvertretung zu wenden. Der Deutsche Bundestag hat deswegen einen eigenen Petitionsausschuß eingerichtet. Die Rechte des Petitionsausschusses sind im Gesetz über die Befugnisse des Petitionsausschusses des Deutschen Bundestages geregelt. Danach können, zur Vorbereitung für die Überprüfung der Beschwerden, die Bundesregierung und die Behörden des Bundes gezwungen werden, Akten vorzulegen, Auskunft zu erteilen und Zutritt zu den Einrichtungen zu gestatten. Eine Verweigerung ist nur möglich, wenn der Vorgang nach einem Gesetz geheimgehalten werden muß. Der Petitionsausschuß kann den Beschwerdeführer, Zeugen und Sachverständige anhören. Der Petitionsausschuß kann sogar über Gerichte und Verwaltungsbehörden Unterstützung beantragen. Eine Beschwerde gemäß dem Petitionsrecht würde folgendermaßen aussehen:

An den Deutschen Bundestag
Petitionsausschuß
Bundeshaus, 53113 Bonn

Petition der Elterninitiative .... / Bau der Bundesfernstraße durch den Ort ...

Sehr geehrte Damen und Herren,

beiliegend überreichen wir Ihnen eine Liste sämtlicher Mitglieder der Elterninitiative. Wir wenden uns im Rahmen einer Petition an den Deutschen Bundestag, weil unsere Einwendungen bezüglich des Baus der Bundesfernstraße nicht gehört wurden. Wir leiten sämtliche Dokumente, die den Bau der vorgenannten Bundesfernstraße betreffen, weiter. Darüber hinaus übersenden wir Ihnen ein verkehrspolitisches Gutachten, aus dem sich deutlich ergibt, daß der Bau der Bundesfernstraße in der jetzigen Planung völlig sinnlos ist. Der Bau würde den einzigen Kindergarten unserer Stadt zerstören. Einen Ersatz für den Kindergarten gibt es nicht. Des weiteren würde der Bau die gesamte Stadt zerstören und sie praktisch in zwei Teile teilen. Aus dem beigefügten Gutachten ergibt sich deutlich, daß andere Lösungen möglich sind. Unsere diesbezüglichen Einwände und Anregungen blieben bisher unbeantwortet. Bei der öffentlichen Anhörung über den Straßenbau wurden wir nicht zur Versammlung zugelassen. Die zuständige Behörde hat hierdurch Art. 3 GG verletzt. Wir bitten, daß Sie sich dieses Vorfalls annehmen, da wir die Angelegenheit wirklich ernst meinen.

Mit freundlichen Grüßen

Polizei

Selbstverständlich können Sie sich auch über Handlungen der Polizei beschweren. Ein Polizeibeamter darf nur dann tätig werden, wenn er eine gesetzliche Grundlage für sein Handeln hat, wenn eine Straftat vorliegt oder die Gefahr einer Straftat besteht. Er darf nie handeln, wenn es sich um eine rein zivilrechtliche Angelegenheit handelt. Über einen Polizeibeamten, der dieses Prinzip verletzt hat, können Sie sich beschweren. Die Beschwerde geht entweder an die direkte Dienststelle oder an die nächsthöhere. Eine Beschwerde würde folgendermaßen aussehen:

An das Polizeirevier ...
81379 München

Handeln des Polizeibeamten ...

Sehr geehrter Herr Dienststellenleiter,

ich möchte mich über das Verhalten des vorgenannten Polizeibeamten beschweren. Dieser hat mich am 03. März 19.. aufgefordert, mein Kfz herauszugeben. Er erschien in meiner Wohnung mit dem Verkäufer des Kfz. Dieser behauptete, daß der Wagen nicht bezahlt sei. Der Polizeibeamte behauptete, daß er aufgrund des nicht erfüllten Kaufvertrages tätig werden dürfe. Ich wies ihn darauf hin, daß aus zivilrechtlichen Gründen ein Polizeibeamter nie tätig werden dürfe. Der Polizeibeamte negierte diesen Sachverhalt. Es handelt sich hier um eine grob dienstwidrige Verletzung, die ich Sie zu verfolgen bitte.

Mit freundlichen Grüßen

Polizeiliches Handeln

Der oberste Dienstherr der Polizei in Deutschland ist der Bundesinnenminister. Wenn Sie sich über das Verhalten einer Polizeidienststelle geärgert haben, können Sie natürlich den einfachsten Weg gehen und sich im Rahmen einer Dienst- oder Fachaufsichtsbeschwerde an den nächsthöheren Beamten wenden. Sie können sich aber auch direkt an den obersten Dienstherrn wenden. Der Bundesinnenminister wird Ihre Beschwerde entweder selbst bearbeiten oder an die entsprechende Dienststelle weiterleiten. Ein Beschwerdeschreiben könnte folgendermaßen aussehen:

An den Bundesminister des Innern
Graurheindorfer Str. 198
53117 Bonn

Mißorganisation in der Polizeidienststelle im Ort ...

Sehr geehrter Herr Bundesinnenminister,

ich erlaube mir hiermit, Ihnen eine Beschwerde zu übermitteln, die das Polizeirevier in ... betrifft. Die gesamte Dienststelle ist chaotisch organisiert. Ich habe nunmehr zweimal eine Strafanzeige aufgrund eines Diebstahls bei der Polizeidienststelle abgegeben. Beim ersten Mal wurde mir erklärt, daß augenblicklich zur Strafanzeigenaufnahme keine Zeit sei. Beim zweiten Mal wurde die Strafanzeige entgegengenommen. Als ich einige Tage später anrief, war diese immer noch nicht bearbeitet, obwohl ich dringenden Tatverdacht hatte und den Polizeibeamten bat, schnellstens tätig zu werden.
Ich bitte, im Rahmen Ihrer Stellung als Dienstaufsichtsbehörde tätig zu werden, nachdem ich mich schon an die vorgesetzte Behörde gewandt und hierauf seit drei Wochen ebenfalls keine Antwort erhalten habe.

Mit freundlichen Grüßen

(siehe auch: Dienst- und Fachaufsichtsbeschwerde)

Post

Zwar verfügt das heutige Postwesen über ein straff organisiertes Verteilungsnetz, aber häufig stellt man fest, daß mancherorts noch die sogenannte „Schneckenpost“ betrieben wird. So kommt es nicht selten vor, daß Briefe tagelang unterwegs sind, bevor sie ihr Ziel erreichen. Es soll auch Fälle geben, in denen Briefe oder Pakete ihr Ziel überhaupt nicht erreicht haben. Wenn Sie einmal mit einer derartigen Situation zu tun haben, so sollten Sie den Ärger nicht „in sich hineinfressen“, sondern sich umgehend bei der Deutschen Post AG, die seit der Privatisierung der Bundespost für das Post- und Paketwesen zuständig ist, beschweren. Ein Dienstleistungsunternehmen wie die Deutsche Post AG lebt auch von derartigen Beschwerden, denn solche Beschwerden werden in der Regel sehr ernst genommen und führen dann auch zu entsprechenden Kontrollen. Eine Beschwerde könnte wie folgt formuliert werden:

An die
Deutsche Post AG
Generaldirektion
Heinrich-von-Stephan-Str. 1
53175 Bonn

Beschwerde über die verzögerte Postbehandlung meines Briefes
von ... nach ...

Sehr geehrte Damen und Herren,

in der Anlage erhalten Sie eine Kopie der Mitteilung, daß der vorgenannte Brief am ... zur Post aufgegeben worden ist. Obwohl ich auf dem Brief ausdrücklich vermerkt habe, daß es sich um eine Eilsendung handelt, und hierfür auch die entsprechende Gebühr, bzw. einen Aufschlag bezahlt habe, ist dieser Brief erst nach einer Woche zugestellt worden. In diesem Brief sollten wichtige Informationen an den Adressaten gelangen. Aufgrund der aufgetretenen Verzögerung ist nicht auszuschließen, daß mir nunmehr ein finanzieller Schaden droht, da unglücklicherweise ein Grundstücksverkauf nicht mehr realisiert werden kann. Mir unverständlich, wieso eine derartig lange Beförderungszeit notwendig war. Ich bitte Sie daher mit allem Nachdruck, dieser Beschwerde nachzugehen und mir die Ursache für die extrem lange Verzögerung zu benennen.

Mit freundlichen Grüßen

Preisangabe

Nach der Preisangabeverordnung müssen Ladengeschäfte bei den Produkten, die sie verkaufen, die Preise an gut sichtbarer Stelle anbringen. Ein Verstoß hiergegen ist ein Verstoß gegen die Preisangabeverordnung und kann zu einem Bußgeldverfahren führen. Eine Beschwerde würde man folgendermaßen formulieren:

An das
Gewerbeaufsichtsamt der Stadtverwaltung ...

Verstoß gegen die Preisangabeverordnung der Textilhandlung ...

Sehr geehrte Damen und Herren,

ich bitte, gegen die vorgenannte Textilhandlung einzuschreiten, über deren Verhalten ich mich hiermit beschweren möchte, weil diese an keinem einzigen Warenstück die Preise ausgezeichnet hat. Durch eine Freundin ließ ich testen, daß die Preise je nach Kundin neu festgesetzt werden. Hierin liegt ein eklatanter Verstoß gegen die Preisangabeverordnung. Ich gebe Ihnen in Kopie drei Aussagen von drei Zeuginnen, die dies bestätigen.

Mit freundlichen Grüßen

Produktfehler im Bekleidungsbereich

Das neue Produkthaftungsgesetz sieht nunmehr eine umfangreiche Haftung für fehlerhafte Produkte vor. Nach § 1 des Gesetzes ist der Hersteller des Produktes verpflichtet, einem Geschädigten Schadensersatz zu leisten, wenn durch den Fehler eines Produktes jemand getötet, sein Körper oder seine Gesundheit verletzt oder eine Sache beschädigt wird. Ansprüche gegen den Hersteller verjähren nach § 12 in drei Jahren. Es gibt nun eine Fülle von denkbaren Möglichkeiten, warum Sie sich z. B. über einen Produzenten im Bekleidungssektor beschweren können. Einmal kann dies daran liegen, daß minderwertiges Material verwendet wurde, dann daran, daß z. B. Behandlungsvorschriften für Reinigung, die in der Bekleidung angegeben wurden, von einer Substanz ausgehen, die in Wirklichkeit nicht enthalten war, z. B. 60% Wolle, 40% Kunstfaser; in Wirklichkeit hat das Produkt 60% Kunstfaser. Sie können sich diesbezüglich an die einzelnen Fachverbände wenden.

Es gibt den Fachverband für Berufs-, Sport- und Freizeitbekleidung e. V., für Damenoberbekleidungsindustrie e. V., für Herrenbekleidungsindustrie e. V., für Hut und Mützen e. V., für Krawatten- und Schalindustrie e. V., für die Deutsche Lederbekleidungsindustrie e. V., für den Mieder- und Badbekleidungsbereich e. V., für den Pelzbereich e. V., für Wäsche- und Hausbekleidung e. V.. Sämtliche Einzelverbände sind im Bundesverband der Bekleidungsindustrie e. V., Mevissenstr. 15, 50668 Köln, zusammengefaßt.

Eine Beschwerde würde folgendermaßen zu formulieren sein:

Beschwerde über den am Freitag, 13.7.19.. gekauften Anzug der Kleiderfabrik ...

Sehr geehrte Damen und Herren,

hiermit möchte ich mich über das Verhalten der vorgenannten Kleiderfabrik beschweren. Ich sende Ihnen zur Kenntnisnahme die gewechselte Korrespondenz zu. Ich hatte bei dem Einzelhändler ... in ... den vorgenannten Anzug gekauft. Es wurde mir, der ich aus gesundheitlichen Gründen keine Kunstfaser tragen kann, dabei ausdrücklich versichert, daß der Anzug ausschließlich aus Wollstoffen gearbeitet worden sei. Ein diesbezügliches Wollzeichen (100% Wolle) ist auch im Anzug enthalten. Nunmehr mußte ich bei der letzten Reinigung feststellen, daß der Anzug eingelaufen ist, und die Reinigungsfirma teilte mir mit, daß es sich um keinen hundertprozentigen Wollstoff handle. Das Verhalten des Produzenten ist diesbezüglich mit Sicherheit im Bereich des Tatbestandes § 263 StGB Betrug anzusiedeln.
Ich bitte, von seiten Ihres Verbandes als Dachorganisation die Beschwerde zu bearbeiten und ggf. auch an den Einzelverband (Verband der Herrenbekleidungsindustrie e. V.) eine Kopie der Unterlagen weiterzusenden. Bitte verständigen Sie mich möglichst bald über die Schritte, die Sie unternommen haben.

Mit freundlichen Grüßen

Produktionsfehler bei einem Auto

Die Rückrufaktionen zahlreicher Hersteller deutscher und ausländischer Automobile haben gezeigt, daß immer wieder Produktionsfehler vorkommen. Auch nachlässige Befolgung von Garantieleistungen kann zu einer erheblichen Verärgerung im Kundenkreis führen. Lassen Sie sich ein zögerliches und unzumutbares Verhalten von Automobilherstellern nicht gefallen und wenden Sie sich mit einer Beschwerde nicht nur an das Werk, sondern teilen Sie dem Werk mit, daß Sie sich auch gleichzeitig beim Verband der Automobilindustrie beschwert haben. Eine Beschwerde würde folgendermaßen aussehen:

An den Verband der Automobilindustrie e.V.
Westendstr. 61
60325 Frankfurt/Main

PKW der Marke ...
Beschwerde über unzulängliche Garantieleistungen

Sehr geehrte Damen und Herren,

am ... habe ich bei der Werksvertretung ... in ... einen PKW der Marke ... gekauft. Der Wagen hatte von Anfang an grobe Mängel. U. a. fällt permanent die elektrische Anlage aus. Das Bremssystem funktioniert nur unzureichend. Obwohl ich den Wagen auf Garantieleistung zwischenzeitlich siebenmal zurückgebracht habe und mir immer wieder erklärt wurde, daß es sich hier bedauerlicherweise um einen Produktionsfehler und um ein sogenanntes Montagsauto handle, ist der Wagen bisher nicht zurückgenommen worden. Ich habe hier unzumutbare Wartezeiten und private Zeit- und Geldverluste in Kauf genommen.
Ich möchte Sie bitten, diesbezüglich aufsichtsführend für mich tätig zu werden, da ich den Wagen beruflich dringend benötige und glaube, daß eine derartige Praxis nicht zumutbar ist. Die Mängel wurden alle vom Automobilhersteller bestätigt. Nachdem es sich hier um Mängel handelt, die die Verkehrssicherheit beeinträchtigen und auch eine Gefährdung für die Umgebung darstellen (undichter Benzintank), bitte ich dringend einzuschreiten. Die weiteren Informationen ergeben sich aus der Korrespondenz, die ich Ihnen – sowie den Kaufvertrag – in Kopie zusende. Dabei bitte ich, in den Garantiebedingungen besonders die Klausel zu berücksichtigen: „Nach zweimaliger durchgeführter Reparatur gilt der Mangel als erledigt." Ich halte diese Klausel für unwirksam und bitte, auch diesbezüglich einzuschreiten.

Mit freundlichen Grüßen

Prozeßkostenhilfe/Beschwerde gegen Ablehnung

Die Deutsche Zivilprozeßordnung sieht vor, daß die persönlichen und wirtschaftlichen Verhältnisse an einer prozeßbeteiligten Partei zum Teil oder nur in Raten aufgebracht werden kann auf andere Art Prozeßkostenhilfe gewährt wird. Voraussetzung hierfür ist, daß die beabsichtigte Rechtsverfolgung oder die beabsichtigte Rechtsverteidigung hinreichend Aussicht auf Erfolg bietet und nicht mutwillig erscheint. Sollten Sie eine Prozeßkostenhilfe beantragen beispielsweise ... Amtsgericht beantragt haben, sollte dieser Antrag abgelehnt worden sein, so können Sie diese Ablehnung mit einer Beschwerde nach § 127 ZPO angreifen. Eine Beschwerde könnte wie folgt formuliert werden:

An das Amtsgericht ....

Betrifft: Beschwerde gegen die Ablehnung der Prozeßkostenhilfe

In der Sache X lege ich als Kläger gegen die Entscheidung des Gerichtes ..., die Prozeßkostenhilfe abzulehnen, Beschwerde ein und beantrage, mir als Kläger für die erste Instanz rückwirkend auf den Zeitpunkt der Antragstellung Prozeßkostenhilfe zu gewähren.
Die Beschwerde begründe ich wie folgt:
1. Vollkommen zu Unrecht geht das Gericht davon aus, daß meine Klage keine hinreichenden Erfolgsaussichten hätte. Das Gericht hat mein Klagevorbringen in tatsächlicher und auch in rechtlicher Hinsicht unzutreffend gewürdigt. Vor allem hat das Gericht übersehen, daß ... (hier sind weitere Ausführungen zu machen).
2. Da inzwischen weitere Kosten angefallen sind und das Verfahren in der Hauptsache weiter betrieben wird, habe ich ein Interesse daran, daß mir rückwirkend Prozeßkostenhilfe bewilligt wird. Hinzu kommt, daß ich den Antrag formgerecht gestellt habe und auch die erforderlichen Unterlagen beigefügt waren.

Hochachtungsvoll

Prüfungsarbeit/Ungerechte Benotung

Jeder dürfte aus eigener Erfahrung wissen, daß gerade bei der Benotung von Prüfungsarbeiten häufig Ungerechtigkeiten auftreten. Diese Ungerechtigkeiten werden wohl auch so lange existieren, wie die Korrekturen von Prüfungsarbeiten von Menschen durchgeführt werden. Bei der Notengebung besteht eben die Gefahr, daß an die Stelle des objektiven Bewertungsmaßstabes oft subjektive Einschätzung tritt, die dann zu extrem unterschiedlichen Ergebnissen führt. Auch wird manchmal die Benotung maßgeblich durch das Schriftbild oder den Schreibstil beeinflußt.
Sollten Sie Korrekturmängel bei der Benotung Ihrer Arbeit feststellen, so sollten Sie sich zunächst beim Korrektor selbst beschweren. Falls dieser keine Änderung der Benotung vornimmt, so müßten Sie sich, falls es sich um Schulnoten oder Examensnoten handelt, bei dem jeweiligen Rechtsträger der Bildungseinrichtung beschweren, die die Prüfung durchgeführt hat. Eine Beschwerde könnte wie folgt formuliert werden:

An die Schulbehörde ...

Betrifft: Falsche Benotung einer Klassenarbeit im Fach Mathematik der Klasse 6c der Hauptschule ...

Sehr geehrte Damen und Herren,

mein Sohn Florian besucht die Klasse 6c in der Hauptschule ... in ...
Am ... ließ die Lehrkraft Frau ..., die in der Klasse meines Sohnes Mathematik unterrichtet, eine Klassenarbeit schreiben.
Als nach 3 Wochen die Benotung bekanntgegeben wurde, mußte mein Sohn feststellen, daß seine Arbeit mit der Note „ungenügend“ bewertet wurde. Über die Art und Weise der vorgenommenen Benotung möchte ich mich hiermit mit Nachdruck beschweren.
Die Benotung ist eindeutig unrichtig. Bei sorgfältiger Korrekturweise hätte der Lehrkraft auffallen müssen, daß die Aufgabe Nr. 5, die mein Sohn auf der Seite 3 der Klassenarbeit abgehandelt hat, völlig korrekt gelöst worden ist. Die Lehrkraft hat diese Aufgabe für die Bewertung nicht herangezogen. In anderen Arbeiten, die ich mittlerweile einsehen konnte, wurde die richtig gelöste Aufgabe mit 5 Punkten bewertet. Diese Punktevergabe hätte auch bei der Arbeit meines Sohnes erfolgen müssen. Dann aber hätte mein Sohn die Note „mangelhaft“ und nicht „ungenügend“ erhalten müssen. Die Bewertung spielt für unseren Sohn eine erhebliche Rolle, da seine Versetzung gefährdet ist. Bei einer Benotung der Arbeit mit der Note „ungenügend“ besteht die Gefahr, daß das Klassenziel nicht erreicht wird und die Klasse wiederholt werden

müßte.
Aus diesem Grunde bestehe ich darauf, daß die Arbeit nochmals korrigiert und eine Neubewertung durchgeführt wird.
Beiliegend erhalten Sie eine Kopie der bewerteten Arbeit sowie die Kopie einer Arbeit einer Mitschülerin meines Sohnes, die die Aufgabe Nr. 5 ebenfalls richtig gelöst hat und bei der die Lehrkraft die Lösung der Aufgabe mit 5 Punkten bewertet hat.

Mit freundlichen Grüßen

Rabattgesetz

Nach § 3 des Rabattgesetzes darf ein Gewerbetreibender auf Barzahlungen einen Rabatt in Höhe von höchstens 3 % geben. Wenn Ihr Mitkonkurrent hiergegen verstößt, können Sie sich bei der zuständigen IHK oder beim Gewerbeaufsichtsamt beschweren. Das Gewerbeaufsichtsamt kann diesbezüglich ein Bußgeldverfahren einleiten, da der Verstoß eine Ordnungswidrigkeit darstellt. Eine Beschwerde würde folgendermaßen aussehen:

An das Gewerbeaufsichtsamt der Stadt ...

Barzahlungsrabatte der Firma ... zu 10 %

Sehr geehrte Damen und Herren,

in vorbezeichneter Angelegenheit reichen wir zwei eidesstattliche Erklärungen von Kunden ein, die bei der vorgenannten Firma einkaufen wollten. In jedem Fall wurde diesen Kunden ein Barzahlungsnachlaß (Rabatt) von 10 % gewährt. Hierin liegt ein Verstoß gegen § 3 des Rabattgesetzes. Ich möchte mich hierüber bei Ihnen beschweren und bitte um ein sofortiges Einschreiten.

Hochachtungsvoll

Räumungsverkauf

Nicht jeder Einzelhändler oder Geschäftsinhaber kann ohne weiteres einen Räumungsverkauf tätigen, um Kunden anzulocken. Die Räumungsverkäufe müssen extra genehmigt werden. Die Durchführung von Räumungsverkäufen, die bei der zuständigen amtlichen Berufsvertretung von Handel und Handwerk oder Industrie (IHK) nicht angezeigt worden sind, ist unzulässig. Sie können sich als Einzelhändler, falls Sie hierdurch in eine Konkurrenzsituation kommen, beschweren:

An die IHK in ...

Räumungsverkauf des Schuhgeschäftes ...

Sehr geehrte Damen und Herren,

ich bin Mitkonkurrent des vorgenannten Schuhgeschäftes und habe mein Schuhgeschäft in der ... -straße. Der oben bezeichnete Händler hat, wie beiliegender Zeitungsanzeige zu entnehmen ist, einen Räumungsverkauf gestartet. Der Räumungsverkauf ist nach der telefonischen Rückfrage bei Ihnen nicht genehmigt worden. Ich möchte mich hierüber beschweren und bitte dringend, einzuschreiten.

Mit freundlichem Gruß

Recht am Bild

Nach § 22 des Kunsturhebergesetzes dürfen Bilder nur mit Einwilligung des Abgebildeten verbreitet oder zur Schau gestellt werden. Eine Ausnahme besteht nach § 24 nur für Abbildungen, die im öffentlichen Interesse liegen. Sollten Sie feststellen, daß jemand Ihr diesbezügliches Recht verletzt, sollten Sie sich hierüber beschweren und gegebenenfalls sogar Strafanzeige erstatten. Eine Beschwerde kann folgendermaßen aussehen:

An die Redaktion der Zeitung ...

Ausgabe Ihrer Zeitung vom ..., Abdruck meines Bildes

Sehr geehrte Damen und Herren,

ich habe feststellen müssen, daß Sie in Ihrer Zeitung ein Bild von mir abgedruckt haben. Dieser Abdruck verstößt gegen § 22 des Kunsturhebergesetzes. Ich bitte Sie, derartige Abdrucke künftighin zu unterlassen und mir eine Summe von DM ... als Schmerzensgeld zu zahlen. Sollte es nicht zu einer gütlichen Einigung kommen, behalte ich mir vor, Anzeige zu erstatten.

Hochachtungsvoll

Rechtsanwalt

Über die Tätigkeit eines Anwalts sowie auch über die Frage, ob die von ihm verlangten Gebühren angemessen sind, können Sie sich bei der Bundesrechtsanwaltskammer oder bei der zuständigen örtlichen Anwaltskammer informieren. Eine Beschwerde würde beispielsweise so formuliert werden:

An die Bundesrechtsanwaltskammer
Jochimstraße 1
53117 Bonn

Beschwerde über den Rechtsanwalt ...

Sehr geehrte Damen und Herren,

soweit Sie für den vorgenannten Fall nicht zuständig sind, bitte ich um Weiterleitung des Schreibens an die zuständige Anwaltskammer für den vorgenannten Rechtsanwalt. Am ... habe ich dem Anwalt ein Mandat erteilt. Ich erhielt folgendes Gutachten, das ich Ihnen in Kopie beigebe. Des weiteren erhielt ich eine Kostenrechnung über Gebühren, die nach meiner Ansicht zu hoch sind. Ich bitte um Überprüfung der Gebühren und um Zusendung einer Stellungnahme.

Mit freundlichen Grüßen

Rechtsschutzversicherung

Da die Kosten eines gerichtlichen Verfahrens oder auch die Kosten für einen Anwalt sehr hoch sein können, schließen viele Personen eine sogenannte Rechtsschutzversicherung ab, damit sie im Falle eines Rechtsstreites vor diesen Kosten geschützt sind. Beim Abschluß ist aber darauf zu achten, daß eine Rechtsschutzversicherung nicht generell jegliche Rechtsstreitigkeit abdeckt. Vielmehr tritt die Rechtsschutzversicherung nur für die Bereiche ein, für die sie speziell vereinbart ist. So beinhaltet beispielsweise eine Rechtsschutzversicherung für Mietrecht nicht Rechtsstreitigkeiten, die Sie gegen den Grundstücksnachbarn führen wollen. Weiterhin ist beim Abschluß darauf zu achten, daß die Rechtsschutzversicherungen in der Regel nur für solche Rechtsstreitigkeiten eintreten, die nach Ablauf einer bestimmten Wartezeit (in der Regel 3 Monate) nach Abschluß des Vertrages neu auftreten. Für Rechtsstreitigkeiten, die in den Bereich während oder vor Ablauf dieser Wartezeiten fallen, besteht grundsätzlich kein Versicherungsschutz.

Viele Rechtsschutzversicherungen lehnen oft vorschnell eine Kostendeckungszusage mit der Begründung ab, daß der Rechtsstreit, für den die Deckungszusage gewährt werden soll, seine Wurzeln bereits im vorvertraglichen Zeitraum hat. Sollten Sie von Ihrer Rechtsschutzversicherung ein Schreiben erhalten, wonach die Kostenübernahme für einen Rechtsstreit abgelehnt wird, so können Sie sich hiergegen beschweren. Eine Beschwerde könnte wie folgt lauten:

An die Rechtsschutzversicherung XY

Betrifft: Ablehnung der Kostenübernahme für meinen Rechtsstreit X gegen Y

Sehr geehrte Damen und Herren,

mit dem Schreiben vom 05.06. .. haben Sie mitgeteilt, daß Sie die Kostendeckungszusage für den obengenannten Rechtsstreit ablehnen. Über diese Ablehnung möchte ich mich beschweren. Die Ablehnung ist ungerechtfertigt. Sie behaupten in Ihrem Ablehnungsschreiben, daß der Mieter bereits vor Abschluß des Rechtsschutzversicherungsvertrages seine Miete nicht pünktlich bezahlt und damit der erstmalige Vertragsverstoß bereits vor Abschluß des Rechtsschutzversicherungsvertrages vorgelegen hat. Dies ist jedoch unrichtig. Der Mieter hat in dem Zeitraum Oktober bis Dezember 19.. keinerlei Mietzahlungen geleistet. Richtig ist auch, daß der Rechtsschutzversicherungsvertrag erst im Januar 19.. abgeschlossen worden ist. Die Räumungsklage, die ich nun aufgrund der fristlosen Kün-

digung vom Mai 19.. beim Amtsgericht in X durchführen möchte, ist allerdings nur mit den Mietrückständen für April, Mai und Juni 19.. begründet, nicht dagegen mit Mietrückständen aus dem Jahre 19... Im übrigen wurde der Mietrückstand 19.. vom Mieter im Februar 19.. beglichen. Ich habe in meinem Anschreiben, womit ich um Kostendeckungszusage für die Räumungsklage bat, nur zu Ihrer Information mitgeteilt, daß der Mieter bereits für die Monate Oktober bis Dezember 19.. keinerlei Mietzahlungen geleistet hat. Es liegen damit die Voraussetzungen für die Kostendeckungszusage Ihrerseits vor.
Ich bitte Sie, mir in Kürze Ihre Stellungnahme zukommen zu lassen.

Mit freundlichen Grüßen

Regenwasser

Ein Hauseigentümer braucht sich nicht gefallen zu lassen, daß der Nachbar das Regenwasser über sein Grundstück leitet. Nach § 906 BGB kann der Hauseigentümer gegen den Nachbarn diesbezüglich vorgehen. Ein Beschwerdeschreiben würde folgendermaßen aussehen:

Herrn/Frau ...

Wild aus Ihrem Grundstück abfließendes Regenwasser auf mein Grundstück

Sehr geehrte Damen und Herren,

wir sind Nachbarn und stellen fest, daß seit einiger Zeit Regenwasser wild von Ihrem Grundstück auf das unsere fließt. Entweder veranlassen Sie, daß das Regenwasser in normale Leitungen gelegt wird, oder Sie schaffen Regenwasserschächte, die es verhindern, daß Regenwasser auf unser Grundstück kommt. Ein diesbezüglicher Anspruch des Eigentümers ergibt sich aus der Entscheidung des Bundesgerichtshofes Band 90, Seite 255.

Mit freundlichen Grüßen

Richter/Ablehnung

Es besteht zwar das Prinzip der Unabhängigkeit der Richter; dieses räumt aber dem Richter keinen Freibrief für parteiisches Verhalten ein. Sie können das Verhalten des Richters jederzeit mit einer Beschwerde angreifen und den Richter auch ablehnen. Dies hat zur Folge, daß der Richter in Ihrer Angelegenheit nicht mehr tätig werden kann, bis über die Ablehnung entschieden ist. Eine derartige Beschwerde würde folgendermaßen zu formulieren sein:

An den Präsidenten/Direktor des Amtsgerichts in ...

Verhalten Ihres Richters ...

Sehr geehrter Herr Präsident/Direktor,

am ... fand eine Verhandlung vor dem Amtsgericht in ... statt. Anläßlich der Verhandlung duzte der Richter mehrfach den gegnerischen Rechtsanwalt und gab deutlich zu erkennen, daß er am Abend vorher im Rahmen eines geselligen Beisammenseins mit dem Rechtsanwalt über meinen Fall gesprochen hatte. Ein von mir zu diesem Prozeß überreichter Schriftsatz wurde von dem Richter nicht mal zu den Akten genommen, obwohl wesentlicher Prozeßstoff enthalten war. Der Richter äußerte sich dahingehend, daß er keine Zeit habe, den von mir verfaßten Schriftsatz durchzulesen, und ich möge ihn doch in den normalen Gerichtsverlauf bringen und nicht zu den Gerichtsakten geben. Zu diesem Zeitpunkt wußte der Richter schon definitiv, nachdem er uns mehrfach darauf hingewiesen hatte, daß am Ende der mündlichen Verhandlung eine Entscheidung verkündet würde. Durch das Verhalten des Richters wurde das Grundrecht auf rechtliches Gehör verletzt. Ich bitte zu überprüfen, ob der Richter sich richtig verhalten hat, und lehne hiermit den Richter ab.

Mit freundlichen Grüßen

Soweit Sie die Richterablehnung kurz vor dem Termin oder sogar im Termin machen, haben Sie die Möglichkeit, daß Sie aus dem Termin mit „heiler Haut“ herauskommen, weil in einem Zivilprozeß der Richter keine Rechtshandlung mehr vornehmen darf, sobald er aufgrund einer derartigen Beschwerde abgelehnt wurde. Sie können ihn selbstverständlich auch während der Gerichtsverhandlung ablehnen, falls Sie damit rechnen, daß er sich irgendwie unsachlich gegen Sie äußert. Sie können sogar eine derartige Beschwerde schon vorbereitet zum Termin mitbringen oder noch in der Gerichtsverhandlung formulieren. Grund für eine Beschwerde gegen einen Richter, verbunden mit einer Richterablehnung, ist z. B. persönliche Feindschaft oder sind persönliche Angriffe des Richters gegen eine Partei, unsachliche Äußerungen über den Fall oder offensichtliche Parteinahme für eine Seite.

Richter/Beschwerde

Ein Richter ist hinsichtlich seiner richterlichen Entscheidung völlig frei. Er kann im Prinzip, soweit er sich an die Gesetze hält und diese nicht absichtlich verletzt, praktisch jede Entscheidung treffen. Die Urteile eines Gerichts sind nur im Wege der Rechtsmittelinstanz zu überprüfen. Dienstaufsichtlich und fachaufsichtlich darf das Urteil eines Richters diesbezüglich nicht angegriffen werden, weil sonst die Unabhängigkeit der Richter nicht mehr gewährleistet wäre. Dennoch brauchen Sie sich von einem Richter nicht alles gefallen zu lassen. Sie können sich bei dem obersten Dienstherrn des Richters, dem Justizminister des Landes oder dem Justizminister des Bundes, beschweren. Eine Beschwerde an den Justizminister des Bundes würde folgendermaßen aussehen:

An den
Bundesminister der Justiz
Heinemannstr. 6
53175 Bonn

Verhalten der ersten Kammer beim Landgericht ...

Sehr geehrter Herr Justizminister,

bei der vorbezeichneten Kammer beim Landgericht hatte ich ein Gerichtsverfahren. Ich wurde vom Richter mehrfach mit unsachlichen Argumenten angegriffen. Diese waren folgende:
(nun genau die Gründe schildern)
Ich bin der Ansicht, daß ich mir ein derartiges Verhalten von einem Richter nicht gefallen lassen muß, da es weder objektiv noch in irgendeiner Weise sachbezogen war. Ich bitte, das Verhalten dienstaufsichtlich zu überprüfen.

Mit freundlichen Grüßen

Rohrleitungsfirma/Mißerfolg

Es kommt nicht selten vor, daß eine Rohrleitungsfirma versucht, einen Mangel zu beheben und die Verstopfung im Rohrsystem nicht beheben kann. Trickreiche Rohrleitungsfirmen haben für derartige Fälle in ihre allgemeinen Geschäftsbedingungen den Passus eingebracht, daß dennoch bis zum Abbruch der Arbeiten wegen Mißerfolges die angefallenen Kosten nach der Preisliste berechnet werden können. Eine derartige Handhabung ist, wie das Landgericht München I entschieden hat (Urteil vom 1.2.1990, AZ 7013463/89), unzulässig. Ein Beschwerdeschreiben würde folgendermaßen aussehen:

An die
Rohrleitungsfirma ...

Ihre Rechnung Nr. ... vom ...

Sehr geehrte Damen und Herren,

am ... kamen Arbeiter Ihrer Rohrleitungsfirma in meine Wohnung, um eine Verstopfung im Leitungssystem zu beseitigen. Diese „Spezialisten" arbeiteten zwar eine Stunde lang, konnten die Verstopfung aber nicht beseitigen. Drei Tage später erhielt ich eine Rechnung, in der mir die Kosten bis zum Abbruch der Arbeit, nämlich die eine Stunde Arbeitszeit und die Anfahrtskosten und Gerätebereitstellungskosten, in Rechnung gestellt wurden. Auf meine Beschwerde hin erklärte der Buchhalter Ihrer Firma, daß sich die Berechtigung aus den allgemeinen Geschäftsbedingungen ergäbe. Ich verweise auf die diesbezügliche Grundsatzentscheidung des Landgerichtes München I vom 1.2.1990 AZ 7013463/89, die eine derartige Klausel für überraschend angesehen hat und entschied, daß derartige Klauseln nichtig sind. Hintergrund der Entscheidung ist natürlich auch, daß ein Werkunternehmer den Erfolg des Werks schuldet und bei nicht erfolgreicher Tätigkeit nicht einfach dennoch seinen Werklohn verlangen kann.
Ich denke nicht daran, die Rechnung zu bezahlen, und verweise Sie auf den Rechtsweg.

Hochachtungsvoll

Sachverständiger/Ablehnung

In Rechtsstreitigkeiten ist oftmals die Hinzuziehung eines Sachverständigen zur Beurteilung von Mängeln usw. erforderlich. Die öffentlich bestellten und vereidigten Sachverständigen, die in der Regel von den Gerichten beauftragt werden, haben bei einer Beauftragung nach bestem Wissen und Gewissen ein Gutachten über die an den Sachverständigen gestellten Fragen anzufertigen. Leider kommt es häufig vor, daß Sachverständige nicht die notwendige Sachkunde besitzen. Oder oftmals ist auch einer der Prozeßbeteiligten mit dem Sachverständigen persönlich bekannt. Falls festgestellt wird, daß das Gutachten eines Sachverständigen aus irgendwelchen Gründen zweifelhaft erscheint, besteht die Möglichkeit, den Sachverständigen nach § 406 ZPO abzulehnen. Das Ablehnungsgesuch muß nicht von einem Anwalt erstellt werden, sondern kann von dem Prozeßbeteiligten selbst an das Gericht gerichtet werden. Ein Ablehnungsgesuch könnte wie folgt formuliert werden:

An das Amtsgericht ...

Betrifft: Ablehnungsgesuch

In der Sache X gegen Y wird der Sachverständige Mustermann wegen Besorgnis der Befangenheit abgelehnt.
Ferner beantrage ich, einen weiteren Sachverständigen mit der Einholung eines neuen Gutachtens zu beauftragen. Schließlich wird das Gericht gebeten, den bisherigen Sachverständigen nicht zu entschädigen, da sein Gutachten durch die selbstverschuldete Ablehnung nicht verwertbar ist.
Begründung: Wie ich erfahren habe, hat der Beklagte den Sachverständigen, der selbst ein Bauunternehmen betreibt, mit der Durchführung eines größeren Bauvorhabens beauftragt. Es entsteht damit der Eindruck, daß die erforderliche Neutralität des Sachverständigen nicht mehr gewahrt ist, da zwischen dem Beklagten und dem Sachverständigen nunmehr ein umfangreiches Vertragsverhältnis besteht. Wie mir durch den Zeugen X, dessen eidesstattliche Versicherung ich beifüge, mitgeteilt wurde, hat der Beklagte direkt nach dem durchgeführten Ortstermin den Auftrag an den Sachverständigen erteilt. Es ist damit davon auszugehen, daß das schriftliche Gutachten, das vom Sachverständigen derzeit gefertigt wird, parteiisch zu Gunsten des Beklagten ausfallen wird. Der Sachverständige hat auch gegenüber dem Unterzeichner nach Rückfrage telefonisch bestätigt, daß er den Auftrag vom Beklagten angenommen hat.
Da somit eindeutig von Befangenheit ausgegangen werden muß, ist der Sachverständige abzulehnen und ein anderer Gutachter zu beauftragen.

Hochachtungsvoll

Schlüsseldienst

Beim Schlüsseldienst handelt es sich um einen sog. Notdienst, und oftmals nutzen diese sog. Notdienste die Notsituation aus, weil sie wissen, daß für den Auftraggeber überhaupt keine Chance besteht zu verhandeln, wenn er dringend in seine Wohnung will. Ein Trick der Schlüsseldienste ist z. B., anläßlich der Öffnung einer Tür auf die Gefahren durch Einbrecher hinzuweisen und gleich noch irgendwelche Sicherungsanlagen zu verkaufen. Auf derartige Praktiken müssen Sie sich nicht einlassen. Eine Beschwerde über die Rechnung eines Schlüsseldienstes könnte folgendermaßen aussehen:

An die Schlüsseldienstfirma in ...
Ihre Rechnung Nr. ...

Sehr geehrte Damen und Herren,

Ihre Rechnung basiert auf einer Notsituation, in der ich mich befand und die Ihr Monteur, der die Wohnung öffnen wollte, ausgenützt hat. Er teilte mir mit, daß er sofort wieder abfahren und die Wohnung nicht öffnen würde, wenn ich nicht das Auftragsformular unterzeichnete. In dem Auftragsformular ist eine Vereinbarung dahingehend enthalten, daß ich, auch wenn der Schlüsseldienst nicht in der Lage ist, die Tür zu öffnen, diesen Auftrag bezahlen muß. Diese Vereinbarung ist grob rechtswidrig.
Ich beschwere mich über die mir zugesandte Rechnung und fordere Sie auf, diese sofort zurückzunehmen. Der von Ihnen geschickte Kundendienstmonteur kannte sich mit dem fraglichen Schloß nicht aus, hatte kein entsprechendes Werkzeug und fuhr deswegen wieder zurück. Irgendwelche Kosten für eine derartig mißratene Leistung zu bezahlen lehne ich hiermit ab.

Hochachtungsvoll

(siehe auch: Handwerker/Notdienst)

Schulden

Wenn jemand Geld schuldet, dann ist es oftmals eine Frage der Mahnung oder Beschwerde, ab wann der Schuldner in Verzug kommt. Erst wenn der Schuldner nämlich durch eine derartige Beschwerde wegen Nichtrückzahlung darauf hingewiesen wurde, schuldet er auch den sog. Verzugsschaden (Zinsen). Eine Beschwerde gegen Ihren Schuldner würde folgendermaßen aussehen:

Herrn/Frau ...

Sehr geehrte() Herr/Frau ...,

wir haben Ihnen am ... DM 5000,- geliehen. Wir hatten mündlich vereinbart, daß Ende August das Geld zurückgezahlt wird. Nachdem wir nunmehr Mitte September haben, fordere ich Sie auf, das Geld sofort zurückzuzahlen, und beschwere mich bei Ihnen darüber, daß Sie Ihre Zusage bis heute nicht eingehalten haben. Durch dieses Schreiben kommen Sie in Verzug gem. §§ 284ff. BGB mit der Folge, daß Sie nunmehr auch Zinsen zahlen müssen.

Mit freundlichen Grüßen

Sitte und Anstand im Betrieb

Nach § 120 b der Gewerbeordnung muß der Gewerbeunternehmer die Arbeitsräume, Betriebsvorrichtungen, Maschinen und Gerätschaften so einrichten und erhalten und den Betrieb so regeln, daß die Arbeitnehmer gegen Gefahren für Leben und Gesundheit soweit geschützt sind, wie die Natur des Betriebes es gestattet. So müssen bei einer bestimmten Anzahl von Arbeitskräften getrennte Toilettenanlagen und getrennte Wasch- und Aufenthaltsräume geschaffen werden. Verstößt der Arbeitgeber gegen diese Vorschrift, so kann sich der Arbeitnehmer bei der zuständigen Gewerbeaufsicht wie folgt beschweren:

An die Stadtverwaltung ...
Gewerbeaufsichtsamt

Sehr geehrte Damen und Herren,

in unserem Betrieb sind 15 Angestellte beschäftigt. Für diese 15 Angestellten gibt es im Betrieb nur eine Toilette. Der Gewerbebetreibende verstößt damit gegen §120 b der Gewerbeordnung. Ich bitte, diesbezüglich einzuschreiten.

Mit freundlichen Grüßen

Sonderverkauf

Vielfach locken Geschäfte mit Sonderangeboten von Waren, die sie in Wirklichkeit gar nicht haben. Es handelt sich hierbei um eine strafbare Werbung nach § 4 des Gesetzes gegen unlauteren Wettbewerb. Sie können sich diesbezüglich bei jedem Verbraucherverband, der meist mit einer einstweiligen Verfügung einschreitet, beschweren oder auch beim Gewerbeaufsichtsamt. Eine Beschwerde würde folgendermaßen aussehen:

An die Verbraucherzentrale ...

Beschwerde über den Händler ... hinsichtlich seiner Werbung mit Sonderangeboten

Sehr geehrte Damen und Herren,

beiliegend erhalten Sie die Kopie einer Tageszeitungsanzeige, in der der vorgenannte Händler die Kunden mit Sonderangeboten anlockt. Als ich morgens nach Erscheinen der Zeitung als erster in dem Laden erschien, wurde mir erklärt, die Ware sei bereits ausverkauft. Hierbei handelt es sich meiner Ansicht nach um eine reine Anlockung von Kunden, die nach § 4 des Gesetzes über den unlauteren Wettbewerb strafbar ist. Ich möchte mich hierüber beschweren und würde mich freuen, wenn Sie dagegen einschreiten könnten, zumal hier noch eine Verletzung nach § 6 d des Gesetzes gegen den unlauteren Wettbewerb vorliegt.

Hochachtungsvoll

Sportverein

Die willkürliche Nichtaufnahme in einen Sportverein kann Sie persönlich ärgern. Manche Vereine haben auch in ihren Mitgliedsbestimmungen Klauseln, die den Vereinen an sich den Begriff „Sportverein" nicht erlauben. Gegen die Nichtaufnahme in einen Verein können Sie sich, entsprechend der Vereinssatzung, beim zuständigen Aufsichtsgremium beschweren. Lassen Sie sich die Satzung des Vereins zukommen und überprüfen Sie, ob der entsprechende Beschluß über die Nichtaufnahme rechtswirksam ist. Ein rechtsunwirksamer Beschluß kann auch beim zuständigen Gericht angefochten werden. Empfehlenswert ist allerdings oftmals auch eine Beschwerde beim Deutschen Sportbund, wie wir sie hier entworfen haben.

An den
Deutschen Sportbund
Otto-Fleck-Schneise 12
60528 Frankfurt am Main

Sportverein Grün/Blau/Rot in ...

Sehr geehrte Damen und Herren,

beiliegend übersende ich Ihnen die Satzung des vorgenannten Sportvereins sowie meinen Mitgliedschaftsantrag und den Ablehnungsbescheid. Bei dem vorgenannten Verein handelt es sich um einen Sportverein, der in der Öffentlichkeit damit wirbt, Mitglied im Deutschen Sportbund zu sein. Ich sehe es als einen Verstoß gegen Artikel 3 GG an (Gleichheitssatz), daß in diesen Verein nur im Ort geborene Bürger eintreten dürfen. Bei dem Verein handelt es sich um einen reinen Tennisverein, dessen Platzangebot in keiner Weise ausgeschöpft ist. Es sollte doch im Interesse eines jeden Sportvereines sein, möglichst viele Bürger aufzunehmen. Wie ich zwischenzeitlich auch erfahren habe, handelt es sich darüber hinaus um einen privaten Verein von zehn Personen, die sich der Vorteile eines gemeinnützigen Vereines bedienen. Es wäre sehr freundlich von Ihnen, wenn Sie aufgrund meiner Beschwerde gegen den Verein tätig werden würden. Ich bin damit einverstanden, daß diese Beschwerde zur weiteren Bearbeitung an den zuständigen Landessportbund weitergegeben wird.

Mit freundlichen Grüßen

Steuerberater

Soweit ein Steuerberater von Ihnen Gebühren verlangt, die zu hoch sind, oder eine fehlerhafte Beratung oder Tätigkeit vorgenommen hat, können Sie sich auch an die entsprechende Kammer wenden. Ein Schreiben könnte folgendermaßen aussehen, wobei wir als Adresse die Bundessteuerberaterkammer angenommen haben. Erkundigen Sie sich dort über die Kammer in Ihrer Nähe.

An die Bundessteuerberaterkammer
Meierottostr. 7
10719 Berlin

Steuerberatung durch Herrn ..

Sehr geehrte Damen und Herren,

beiliegend erhalten Sie die Kopie eines Gutachtens, das der vorgenannte Steuerberater erstellt hat, sowie seine Kostenrechnung. Ich bitte zu überprüfen, ob die Kostenrechnung der Bundesgebührenordnung für Steuerberater entspricht. Ein mir bekannter Steuerberater teilte mir mit, daß dies seines Erachtens nicht der Fall sei. Gegebenenfalls bitte ich um Weiterleitung der Beschwerde an die zuständige Landeskammer, die für den Steuerberater zuständig ist.

Mit freundlichen Grüßen

Straßen/schlechter Zustand

Obwohl in der Bundesrepublik Deutschland mit Sicherheit eines der besten Straßenverkehrsnetze zur Verfügung steht, kommt es immer wieder vor, daß man Straßen vorfindet, deren Zustand zu wünschen übrig läßt. Nicht nur, daß z. B. Schlaglöcher oder Spurrillen eine unbequeme Beeinträchtigung beim Fahren darstellen, sondern vor allem geht von diesen schadhaften Straßenstellen erhöhte Unfallgefahr aus. Sie sollten sich daher nicht davor scheuen, sich bei dem für die jeweilige Straße zuständigen Verantwortungsträger zu beschweren.
Die Beschwerde wäre je nach Straßenart an die Gemeinde, an das Landratsamt oder an das Bundesamt für Straßenverkehr zu richten. So ist für Gemeindestraßen die Gemeinde zuständig, für Kreisstraßen der Landkreis und für Bundesstraßen das Bundesamt. Darüber hinaus ist das Landratsamt auch noch für sogenannte Staatsstraßen zuständig. Eine Beschwerde könnte wie folgt formuliert werden:

An das Landratsamt ...

Betrifft: Schlechter Straßenzustand der Kreisstraße 257 auf der Strecke von X nach Y

Sehr geehrte Damen und Herren,

vergangenes Wochenende fuhr ich mit meinem PKW auf der Kreisstraße 257 von X nach Y. Etwa 10 km vor Y geriet ich nach einer Rechtskurve mit meinem rechten Vorderrad direkt in ein ca. 15 cm tiefes Schlagloch. Dadurch bekam meine Vorderachse einen derart heftigen Schlag, daß möglicherweise das Radlager beschädigt worden ist. Ich werde dies durch eine Fachwerkstätte überprüfen lassen.
Über den Zustand der Kreisstraße 257 möchte ich mich ausdrücklich beschweren. Stellen Sie sich einmal vor, es wäre ein Motorradfahrer in dieses Schlagloch eingefahren – nicht auszudenken, was hätte alles passieren können. Ich darf Sie bitten, umgehend dafür zu sorgen, daß die Gefahrenstelle beseitigt wird. Ich werde mich innerhalb der nächsten drei Wochen noch einmal davon überzeugen, daß dort wirklich Abhilfe geschaffen worden ist. Falls hier nichts unternommen wird, sehe ich darin einen klaren Verstoß gegen die Ihnen obliegende Verkehrssicherungspflicht. Ich behalte mir diesbezüglich weitergehende rechtliche Schritte vor.

Mit freundlichen Grüßen

Straßenrennen

Unter jungen Motorradfahrern ist es oftmals üblich, in bestimmten Straßen Rennen zu veranstalten. Sie kennen § 29 der Straßenverkehrsordnung nicht, die dies ausdrücklich untersagt. Haben Sie in Ihrer Straße derartige Motorradfahrer, so können Sie sich wie folgt beschweren:

An die Polizeidienststelle ...

Beschwerde über folgende Motorradfahrer mit Kennzeichen ...

Sehr geehrte Damen und Herren,

jeden Abend ab 18.00 Uhr veranstalten die vorgenannten Motorradfahrer in unserer Straße ein Rennen. Ich möchte mich hierüber beschweren und bitte, dagegen einzuschreiten, weil hier eine Verletzung des § 29 Straßenverkehrsordnung vorliegt.

Mit freundlichem Gruß

Straßenverkehr

Gegen das Verhalten eines Bürgers im Straßenverkehr können Sie sich bei jeder zuständigen Polizeidienststelle beschweren. Gerade die Praxis mancher Autofahrer, zu nahe aufzufahren oder rechts zu überholen, kann fatale Folgen haben. Wenn Sie sich durch ein derartiges Verhalten eines Autofahrers genötigt fühlen, können Sie sich beschweren. Eine Beschwerde würde folgendermaßen aussehen:

An die
Staatsanwaltschaft beim Landgericht ...

oder

An die Polizeidienststelle ...

Sehr geehrte Damen und Herren,

hiermit möchte ich mich gegen das Verhalten des Fahrers des Pkws der Marke ..., amtliches Kennzeichen ... beschweren. Auf dem Weg von der Autobahnausfahrt Holzkirchen bis München hat dieser Fahrer fünfmal durch Nötigungsaktionen versucht zu überholen. Er ist, wie sich auch aus beiliegenden Zeugenaussagen ergibt, fünfmal bis auf höchstens zehn Zentimeter Distanz auf das vor ihm fahrende Fahrzeug aufgefahren. Ich möchte mich über dieses Verhalten beschweren und bitte, gegen diesen Fahrer vorzugehen.

Mit freundlichen Grüßen

Taxi

Nach § 22 des Personenbeförderungsgesetzes ist ein Taxifahrer zur Beförderung von Fahrgästen verpflichtet, soweit er nicht durch triftige Gründe, die im Verhalten eines Fahrgastes liegen, diesen ablehnen kann. Ein Taxifahrer, der gegen diese Beförderungspflicht verstößt, kann mit folgender Beschwerde rechnen.

An das
Gewerbeaufsichtsamt der Stadt ...

Taxikonzession von Herrn/Frau ...

Sehr geehrte Damen und Herren,

am Donnerstag, dem 25. Mai 19.., wollte ich in München bei starkem Regen gegen 18.00 Uhr vom Hauptbahnhof zu meiner Wohnung gebracht werden. Ich bestieg das Taxi mit der Konzessionsnummer 1111. Der Taxifahrer fuhr mich zwar einige Meter, setzte mich aber dann wieder mit der Begründung auf die Straße, daß ihm ein anderer dringender Auftrag eingefallen sei und er auch gar nicht so weit fahren wolle.
Meiner Ansicht nach liegt hier ein Verstoß gegen § 22 des Personenbeförderungsgesetzes vor. Ich bitte dringend einzuschreiten.

Mit freundlichen Grüßen

Telefon

Nach Erhalt der Telefonabrechnung ist man häufig über die Höhe der in Rechnung gestellten Telefongebühren erstaunt. Gerade aufgrund der hochkomplizierten Technik, die im Telekommunikationsbereich verwendet wird, kommt es manchmal zu technischen Fehlern, die dann zur Unrichtigkeit einer Telefonabrechnung führen. Sie brauchen sich eine überhöhte Telefonabrechnung nicht gefallen zu lassen. Sie sollten sich dagegen beschweren und auch für die Zukunft einen Einzelverbindungsnachweis fordern. Die Beschwerde wäre an die Telefongesellschaft, mit der Sie einen Nutzungsvertrag halten, zu richten. Dies ist derzeit noch die Deutsche Telekom AG als Monopolbetrieb. Sie können sich bei den einzelnen Regionalniederlassungen beschweren oder gleich bei der Deutschen Telekom AG. Eine Beschwerde könnte wie folgt formuliert werden:

An die
Deutsche Telekom AG
Friedrich-Ebert-Allee 140
53113 Bonn

Betrifft: Telefonabrechnung vom ... Rufnummer ...

Sehr geehrte Damen und Herren,

hiermit möchte ich mich über die letzte Telefonrechnung für den Monat ... 19.. bei Ihnen beschweren. Mir wurde für den Monat ... ein Betrag von DM 271,50 in Rechnung gestellt. Da ich dazu übergegangen bin, jedes einzelne Telefongespräch aufzulisten, kann es unmöglich sein, daß von meinem Telefongerät aus für die in Rechnung gestellten Beträge telefoniert wurde. Sie können meine Angaben gerne überprüfen, da ich Ihnen in der Anlage die Liste beifüge. Weitere Gespräche können nicht geführt worden sein, weil niemand Zugriff auf das Telefongerät hat. Ich bitte dringend, die Gebührenrechnung zu überprüfen. Weiter bitte ich auch, mir mit sofortiger Wirkung für die Zukunft einen monatlichen Einzelverbindungsnachweis zu übersenden.
Bis zur Klärung der Richtigkeit der Abrechnung zahle ich den in Rechnung gestellten Betrag unter Vorbehalt der Rückforderung.

Mit freundlichen Grüßen

Theater

Bei einem Theater handelt es sich um einen sog. Monopolbetrieb, wenn es sich um das einzige Theater am Ort handelt. Sie brauchen sich ein Fehlverhalten des Kassenpersonals nicht gefallen zu lassen. Eine Beschwerde würde folgendermaßen formuliert werden:

An die
Direktion des Theaters ...

Sehr geehrte Damen und Herren,

wir möchten uns über die Kartenverkäuferin Frau ... beschweren.
Am 3.7.19.. hatten wir versucht, noch Karten für das Schauspiel ... zu erhalten. Uns wurde mitgeteilt, daß sämtliche Karten ausverkauft seien. Fünf Minuten später beobachtete ich, wie ein guter Freund der vorgenannten Kartenverkäuferin noch Karten kaufte. Ich bitte, das Verhalten aufsichtlich zu überprüfen.

Mit freundlichen Grüßen

Tiere

Ein Nachbar braucht sich nicht gefallen zu lassen, daß Tiere ständig auf sein Grundstück laufen. Er hat gemäß § 906 BGB einen Anspruch gegen den anderen Nachbarn, daß dieser sein Grundstück einzäunt oder die Tiere so hält, daß diese nicht auf das Nachbargrundstück gelangen. Ein Beschwerdeschreiben würde folgendermaßen aussehen:

Herrn/Frau ...

Tierhaltung auf Ihrem Grundstück

Sehr geehrte Damen und Herren,

wir sind Nachbarn des vorgenannten Grundstücks. Wir können feststellen, daß immer wieder Ihr Hund aus Ihrem auf unser Grundstück kommt. Gemäß § 906 BGB haben wir einen Anspruch darauf, daß diese Beeinträchtigung eingestellt wird. Wir bitten Sie, dies schnellstens zu veranlassen.

Mit freundlichen Grüßen

Tierquälerei

Häufig kommt es vor, daß Tiere aus Unwissenheit oder auch absichtlich unter unzumutbaren Bedingungen von ihren Besitzern gehalten werden. Sollten Sie Beobachtungen über tierquälerisches Verhalten machen, so sollten Sie sich sofort über den Tierhalter beim zuständigen Tierschutzverein bzw. beim zuständigen städtischen Ordnungsamt beschweren. Eine Beschwerde könnte wie folgt formuliert werden:

An den örtlichen Tierschutzverein
z. Hd. des Vorstandes

Betrifft: Tierquälerische Tierhaltung in der Wohnung im 3. Obergeschoß, Anwesen ..., Wegstraße 3 in ...

Sehr geehrte Damen und Herren,

als Mieter einer Wohnung im Anwesen Wegstraße 3 in ... habe ich festgestellt, daß der Mieter X, der die Wohnung im 3. Obergeschoß angemietet hat, mindestens sieben Hunde und acht Katzen in einer ca. 40 qm großen Wohnung hält.
Die Tiere machen einen völlig verwahrlosten Eindruck. Es drängt sich der Verdacht auf, daß sie nicht regelmäßig gefüttert werden, da der Mieter X ständig auf Reisen ist. Ich bitte Sie, sich dieser Sache anzunehmen und die zuständigen Behörden zu informieren.
Obwohl ich bereits den Vermieter benachrichtigt habe, ist bislang offensichtlich nichts geschehen. Aus diesem Grunde wende ich mich nunmehr direkt an Sie.

Mit freundlichen Grüßen

TÜV/Produktfehler

Aufgrund des immensen Warenangebotes, das es in Deutschland gibt, kommt es häufig vor, daß viele Produkte, insbesondere Billigprodukte, nicht dem Sicherheitsstandard entsprechen, den derartige Qualitätsprodukte erreichen müssen. So kann es vorkommen, daß insbesondere bei Elektrogeräten die mangelnde Qualität, aber auch die fehlerhafte Herstellung zu einer erheblichen Gefahr für Leib und Leben führen können. Wie oft liest man, daß beispielsweise Wohnungsbrände ihre Ursache darin haben, daß Elektrokabel verschmort sind oder Fernsehgeräte plötzlich gebrannt haben.
Sollten Sie feststellen, daß ein Produkt, das Sie gekauft haben, mit einem derartigen Fehler behaftet ist, so sollten Sie dies unverzüglich den Verbraucherschutzverbänden sowie dem technischen Überwachungsverein (TÜV) melden, damit diese Produkte näher geprüft und gegebenenfalls die Verbraucher vor der Verwendung dieses Produktes gewarnt werden können. Ein Schreiben könnte wie folgt formuliert werden:

An den technischen Überwachungsverein ...
Adresse

Betrifft: Halogenstehlampe der Firma X

Sehr geehrte Damen und Herren,

am ... habe ich bei der Firma X aus deren Sonderangebot eine Halogenstehlampe der Marke Y mit 6 Halogenstrahlern erworben. Als ich die Lampe zu Hause in meinem Wohnzimmer anschloß und den Stecker in die Steckdose steckte, war etwa nach einer halben Stunde ein leichter Geruch von verschmorten Kabeln wahrzunehmen. Als ich in das Wohnzimmer kam, um die Ursache des Brandgeruchs festzustellen, merkte ich, daß das Kabel der Stehlampe im Bereich des Steckers in der Steckdose verschmort war. Mein Nachbar, der sich ebenfalls eine solche Lampe gekauft hatte, machte die gleichen Erfahrungen. Auch bei ihm war der Stecker in der Steckdose verschmort.
In gehe davon aus, daß das Produkt fehlerhaft ist und bitte Sie, dieses Produkt zu überprüfen und gegebenenfalls die Verbraucherschutzverbände zu informieren, damit die Verbraucher vor dem Kauf dieser Lampe gewarnt werden.

Mit freundlichen Grüßen

Überhang

Sie müssen es sich als Eigentümer eines Grundstücks nicht gefallen lassen, wenn aus dem Nachbargrundstück Wurzeln eines Baumes oder eines Strauches zu Ihrem Grundstück gelangen. Das gleiche gilt für herüberhängende Zweige. Der Eigentümer eines Grundstücks, der sich hierdurch belästigt fühlt, kann nach § 910 BGB vorgehen. Empfehlenswert ist bei einer Beschwerde, dem Nachbarn eine angemessene Frist zu setzen. Die Beschwerde würde folgendermaßen aussehen:

An den Nachbarn ...

Überhängende Zweige an der Nachbargrenze

Sehr geehrte Damen und Herren,

ich fordere Sie gemäß § 910 BGB auf, die überhängenden Zweige zu beseitigen. Ich setze eine Frist von zwei Wochen. Sollten Sie dieser Beschwerde bis dahin nicht Folge leisten, werde ich die Zweige auf Ihre Kosten entfernen lassen.

Mit freundlichem Gruß

Universität/Mangelhafte Vorlesung

Die Studentenzahlen an den deutschen Hochschulen und Universitäten werden ständig höher. Dies bedeutet aber nicht, daß die Qualität der Ausbildung, insbesondere die Qualität der Vorlesungen, entsprechend steigt. Leider gibt es allzu häufig Professoren und Dozenten, die mit zu geringem Engagement an die Sache herangehen. Dies führt dazu, daß die Lehraufträge oftmals nur mangelhaft erfüllt werden. Viele Professoren sehen ihre Vorlesungstätigkeit nur noch als reine Nebensache und sind vor allem als Gutachter tätig, da diese Tätigkeit finanziell sehr lukrativ ist. Den einzelnen Bundesländern obliegt im Rahmen der Kulturhoheit der Länder auch das Hochschulwesen. Eine Beschwerde über einen Hochschullehrer ist daher an das Kultusministerium des jeweiligen Landes zu richten und könnte wie folgt formuliert werden:

An das Kultusministerium des Landes ...

Betrifft: Mangelhafte Vorlesungstätigkeit des Herrn Prof. X an der Universität in ...

Sehr geehrte Damen und Herren,

hiermit möchte ich mich über Art und Weise der Vorlesungstätigkeit des Herrn Prof. X beschweren, der an der Universität in ... „Öffentliches Recht" unterrichtet.
Die letzten drei Vorlesungstermine sind ausgefallen. Der Ausfall wurde mit Krankheit begründet. Am 16.4.19.. sah ich jedoch Herrn Prof. X in einer Fernsehtalkshow zur Gesundheitsreform, bei der er sich bester Gesundheit erfreute. Weiter konnte bislang, obwohl das Semester schon fast zu Ende geht, nur ein Bruchteil des Vorlesungsstoffes behandelt werden. Als ich Herrn Prof. X in seiner Sprechstunde auf die Art und Weise seiner Vorlesungstätigkeit ansprach, erzürnte sich dieser und wies mich aus seiner Sprechstunde. Er empfahl mir auch noch, ich solle woanders hingehen, wenn mir etwas nicht passe. Ich finde die Art und Weise, wie hier Prof. X seine Vorlesungstätigkeit gestaltet, skandalös. Ich lege auch noch eine Unterschriftsliste weiterer Kommilitonen bei, die sich dieser Beschwerde anschließen. Wir erwarten durch diese Beschwerde eine Verbesserung der Situation und eine Zurechtweisung des Herrn Prof. X.

Mit freundlichen Grüßen

Unterlassung/Rücksichtsloses Parkverhalten

Leider kommt es viel zu häufig vor, daß Menschen sich rücksichtslos verhalten. Gegen rücksichtslose Verhaltensweisen kann man sich zwar grundsätzlich mit einer gerichtlichen Klage wehren. Doch ist dieses Verfahren bis zum Erreichen des Zieles oft langwierig und kostenintensiv. Deshalb empfiehlt es sich, sich beim sogenannten Störer erst einmal über dessen rechtswidriges Tun zu beschweren und ihn rechtzeitig aufzufordern, das rechtswidrige Tun zukünftig zu unterlassen. Sinnvoll ist es auch, diese Beschwerde mit einer sogenannten stark bewährten Unterlassungserklärung zu verbinden. Dies bedeutet, daß sich der Störer verpflichtet, für jeden Fall der Zuwiderhandlung eine Strafe zu bezahlen. Durch die stark bewährte Unterlassungserklärung kann in vielen Fällen ein gerichtliches Verfahren vermieden werden. Die Beschwerde an den Störer könnte wie folgt formuliert werden:

An
Herrn ...

Betrifft: Ständiges Parken vor meiner Grundstückseinfahrt

Sehr geehrter Herr ...,

am 12./13./15. und 17.04.19.. haben Sie Ihren Pkw, Typ BMW, amtliches Kennzeichen .... jeweils in der Zeit vom 18.00 bis 23.00 Uhr so vor unserer Grundstücksausfahrt geparkt, daß ich mit meinem Fahrzeug weder aus dem Grundstück hinausfahren noch auf mein Grundstück fahren konnte. Obwohl ich Sie bereits zweimal mündlich darauf hingewiesen habe, daß Sie zukünftig das Parken vor unserer Grundstückseinfahrt zu unterlassen haben, haben Sie diese Aufforderung ignoriert.
Ich beschwere mich hier ausdrücklich über Ihr Verhalten und fordere Sie auf, zur Vermeidung eines Rechtsstreits innerhalb von 24 Stunden ab Zugang dieses Schreibens schriftlich zu erklären, daß Sie es zukünftig unterlassen. Bei Meidung gilt Zahlung von DM 1.000 bei jedem Fall der Zuwiderhandlung. Ich bitte Sie, Ihr Fahrzeug so zu parken, daß die Grundstücksein- und -ausfahrt für das Grundstück Wegstr. 1 in ... nicht behindert wird.
Sollte mir die geforderte Erklärung nicht binnen der genannten Frist vorliegen, so werde ich gerichtliche Hilfe in Anspruch nehmen.

Hochachtungsvoll

Unternehmerin

Wenn Sie sich in Ihrem Beruf als Unternehmerin beeinträchtigt fühlen, z. B. durch behördliche Maßnahmen, und hierin u. a. eine Verletzung von Artikel 3 Grundgesetz oder ein Verstoß gegen das allgemeine Benachteiligungsverbot vorliegt, können Sie sich diesbezüglich hilfesuchend an den Verband der Unternehmerinnen wenden. Ein Beschwerdeschreiben können Sie wie folgt formulieren:

An die
Vereinigung von Unternehmerinnen e. V.
Gustav-Heinemann-Ufer 94
50968 Köln

Beschwerde über das Gewerbeamt der Stadt ... wegen verzögerter Erteilung der Gewerbeerlaubnis

Sehr geehrte Damen und Herren,

beiliegend sende ich Ihnen sämtliche Kopien der Korrespondenz zu, die ich mit dem Gewerbeamt der vorgenannten Stadt geführt habe. Ich habe schon vor Monaten die Gewerbegenehmigung beantragt. Die Entscheidung darüber wird im wesentlichen dadurch verzögert, daß ich als Frau den Antrag auf Gewerbezulassung gestellt habe. Ich bitte Sie, mich aufgrund der vorgenannten Beschwerde zu unterstützen.

Mit freundlichen Grüßen

Urlaub

Das Reisevertragsrecht ist ein deutliches Beispiel dafür, daß eine fehlerhafte Beschwerde zu Rechtsverlusten führen kann. Es gibt zwei große Beschwerdenbereiche im Reisevertragsrecht, die sogar gesetzlich niedergelegt sind, nämlich im § 651 c BGB, wonach der Reisende am Urlaubsort auf die Mängel der Reise hinweisen und Abhilfe verlangen muß. Des weiteren gilt § 651 g BGB, wonach der Reisende nach Ende der Urlaubsreise sich nochmals über die Reise beschweren muß. Versäumt der Reisende diese zwei wichtigen Beschwerdeschreiben, so verliert er sämtliche Ansprüche. Gerade bezüglich der Beschwerde am Urlaubsort gilt der wichtige Hinweis, daß diese unbedingt schriftlich erfolgen soll und unter Zeugen, die später in einem etwaigen Gerichtsverfahren benannt werden müssen, dem Reiseleiter oder dem zuständigen Verantwortlichen am Urlaubsort übergeben werden muß. Empfehlenswert ist, eine Kopie der Beschwerde mit Einschreiben oder per Telegramm sofort auch noch an den Reiseveranstalter zu senden. Wie bei allen Beschwerdeschreiben ist es wichtig, den Zugang nachzuweisen. Den Zugang kann man entweder durch einen Einschreibebrief mit Rückschein oder durch Übemittlung eines Schreibens in Gegenwart von Zeugen nachweisen.

Urlaubsort
Reiseteilnehmer Herr/Frau ...
Tag der Beschwerde: ...

Sehr geehrte Damen und Herren,

Sie wurden uns als Verantwortliche für die Organisation der Reise am Urlaubsort benannt. Folgende erhebliche Mängel der Reise sind aufgetreten:
(Beispiele)
– Swimmingpool unbenutzbar
– keine Sportveranstaltungen
– Zimmer und Betten verschmutzt
– unerträglicher Baulärm neben dem Hotel
– unzumutbare Qualität des Essens

Bitte nehmen Sie diese Beschwerde ernst. Wir denken nicht daran, uns diese Mängel der Reise gefallen zu lassen. Wir setzen eine Frist von ... Tagen. *(In gravierenden Fällen können Sie sofortige Abhilfe verlangen.)* Wir verlangen die sofortige Beseitigung der genannten Mängel. Sollte dies nicht in der vorgenannten Frist oder sofort möglich sein, werden wir uns ein Ausweichquartier beschaffen und Ersatz der erforderlichen Aufwendungen verlangen.

(Nach dem Gesetz ist eine Frist dann nicht mehr notwendig, wenn der Reiseveranstalter sich weigert, die Mängel zu beheben, oder wenn die sofortige Mängelbeseitigung durch ein besonderes Interesse des Reisenden geboten wird, beispielsweise bei unzumutbaren hygienischen Bedingungen. Es ist daher immer eine Ermessensfrage, ob eine Frist gesetzt werden muß oder nicht.)

Mit freundlichen Grüßen

(Achtung! Hier müssen alle Reisenden unterzeichnen, die den Reisevertrag unterschrieben haben.)

Nach Rückkehr von der Reise
(Achtung! Monatsfrist berücksichtigen!)

Reise vom ...

Sehr geehrte Damen und Herren,

wir hatten gemäß Vertrag vom ... bei Ihnen eine Reise nach ... gebucht. Die Mängel der Reise waren unzumutbar. Unter anderem war während der ganzen Zeit im Hotel kein warmes Wasser vorhanden, da die Warmwasserversorgung unterbrochen war; die Zimmer waren unhygienisch, das gesamte Hotel war verdreckt.

(Nun genau nochmals alle Mängel angeben.)

Beiliegend erhalten Sie eine Kopie des Schreibens, mit dem wir an Ort und Stelle beim Reiseleiter die Beseitigung der Mängel verlangten. Der Reiseleiter hat nichts unternommen. Folgende Mitreisende benennen wir als Zeugen dafür, daß wir die Mängelbeseitigung verlangten: ...
Wegen der gravierenden Mängel der Reise machen wir folgende Ansprüche geltend: ...
Wir mindern den Reisepreis um ... Zusätzlich verlangen wir für die Ersatzunterkunft folgenden Schadensersatz ...
Und außerdem verlangen wir für die Tage, an denen wir das Hotel überhaupt nicht benutzen konnten, wodurch die Reise völlig sinnlos wurde, wegen nutzlos aufgewendeter Urlaubszeit folgende Entschädigung ...

Achtung: Sämtliche Ansprüche muß der Reisende in einem Beschwerdeschreiben innerhalb eines Monats nach der vertraglich vorgesehenen Beendigung der Reise gegenüber dem Reiseveranstalter geltend machen. Nach Ablauf der Frist kann der Reisende Ansprüche nur geltend machen, wenn er ohne Verschulden an der Einhaltung gehindert worden ist. Diese Frist wird vielfach versäumt. Sie müssen auch nachweisen, daß der Reiseveranstalter innerhalb dieses einen Monats das Schreiben erhalten hat. Der Reisende hat dadurch seinen Anspruch noch nicht realisiert. Er muß innerhalb einer Frist von sechs Monaten ab vertraglich vereinbarter Beendigung der Reise den Anspruch gerichtlich geltend machen.

Urlaub/Überbuchung

bei manchen Urlaubsorten. Es ist üblich, daß Reiseveranstalter die Hotels überbuchen, weil sie immer mit einer gewissen Ausfallquote rechnen. Den Schaden hat der Verbraucher. Lassen Sie sich eine derartige Überbuchung nicht gefallen, sondern beschweren Sie sich bei Ihrem Reisebüro hierüber und verlangen Sie Schadensersatz. Folgendermaßen muß die Beschwerde formuliert sein:

An das Reisebüro ...

Reise nach Spanien am ...

Sehr geehrte Damen und Herren,

ich hatte bei Ihnen eine Reise gebucht und ausdrücklich das Hotel ... in Madrid verlangt. Bei meiner Ankunft mußte ich feststellen, daß das Hotel total überbelegt war. Obwohl Sie mir die Buchung bestätigt hatten, erhielt ich kein Zimmer. Notgedrungen mußte ich, da ich nur für drei Tage gebucht hatte, in ein doppelt so teures Hotel ziehen. Ich möchte mich erstens über die Art und Weise der Reisebuchung beschweren und zweitens bitten, daß Sie mir den Geldbetrag, den ich hier mehr bezahlte, zurückerstatten.

Mit freundlichen Grüßen

Verfassungsbeschwerde

Die höchstkarätige Form der Beschwerde ist die Verfassungsbeschwerde. Nach § 90 des Bundesverfassungsgesetzes kann jedermann mit der Behauptung, durch die öffentliche Gewalt in einem seiner Grundrechte oder einem seiner in Artikel 20 Abs. 4 Art. 33 des Grundgesetzes enthaltenen Rechte verletzt worden zu sein, die Verfassungsbeschwerde beim Bundesverfassungsgericht einreichen. Die Verfassungsbeschwerde würde folgendermaßen aussehen:

An das
Bundesverfassungsgericht
Schloßbezirk 3
76131 Karlsruhe

Verfassungsbeschwerde gegen das Urteil des Landgerichts ... vom ...

Sehr geehrte Damen und Herren,

beiliegend erhalten Sie das vorgenannte Urteil. Ich lege gegen das Urteil Verfassungsbeschwerde ein. Die Monatsfrist nach Verkündung eines Urteils habe ich eingehalten. Ich fühle mich durch das Urteil in meinen Rechten verletzt. Insbesondere rüge ich die Verletzung von Art. 12 GG (Berufsfreiheit), Art. 5 GG (Meinungsfreiheit). Anbei reiche ich fünf weitere Durchschriften der Verfassungsbeschwerde ein.

Hochachtungsvoll

Verkaufspersonal

Wie oft steht man in einem großen Kaufhaus und ärgert sich darüber, daß man entweder überhaupt nicht und wenn, dann nur unzureichend und unfreundlich bedient wird. Viele Mitarbeiter von Dienstleistungsbetrieben wissen häufig mit dem Begriff Dienstleistung nichts anzufangen und legen gegenüber Kunden ein unengagiertes und unfreundliches Verhalten an den Tag. Leider sind die Kontrollen der Mitarbeiter in großen wie auch in kleinen Kaufhäusern nur sporadisch, so daß schlechte Mitarbeiter erst oft nach zahlreichen Beschwerden gerügt werden können. Im Interesse an einem gut funktionierenden Dienstleistungsgewerbe sollten Sie sich über tadelnswertes Verhalten des Personals sofort beschweren, damit die Geschäftsleitung informiert ist und unverzüglich auf diese Beschwerde reagieren kann. Eine Beschwerde könnte wie folgt formuliert werden:

An die Geschäftsleitung des Kaufhauses X

Betrifft: Mitarbeiterin X in der Herrenmodeabteilung

Am ... ging ich in Ihr Kaufhaus, um mir einen neuen Anzug zu kaufen. Da ich eine fachgerechte Beratung wünschte, wandte ich mich an Ihre Mitarbeiterin X. Diese eröffnete mir kaugummikauend, daß sie derzeit für eine Beratung nicht zur Verfügung stehe, da sie in Kürze Mittagspause machen werde. Als ich schließlich fragte, an wen ich mich dann wenden könnte, sagte Ihre Mitarbeiterin, daß ihre Kollegin ebenfalls in Mittagspause sei und erst in einer halben Stunde wiederkommen werde. Wenn ich etwas bräuchte, könnte ich mich ja an den Auszubildenden wenden, der gerade damit beschäftigt war, Kleiderbügel einzusammeln. Ich suchte mir daraufhin selbst einen Anzug aus, der mir gefiel. Da ich den Anzug anprobieren wollte, fragte ich Ihre Mitarbeiterin, wo eine Kabine sei und ob eine frei wäre. Sie antwortete, daß ich selbst sehen solle, wo ich den Anzug anprobieren könne. Im übrigen möchte sie mich darauf aufmerksam machen, daß ich für diesen Anzug wohl viel zu dick sei.
Daraufhin habe ich mich entschlossen, von einem Kauf in Ihrem Geschäft Abstand zu nehmen und mir woanders einen Anzug zu kaufen. Schließlich fand ich ein sehr nettes Geschäft, in dem mich der Chef persönlich beraten hat. Da ich selbst in einem Dienstleistungsbetrieb arbeite, möchte ich mich mit Nachdruck über die Verhaltensweise Ihrer Mitarbeiterin Frau X beschweren. In Ihrem eigenen Interesse an einem guten Ruf sollten Sie dafür sorgen, daß ein derartiger Umgang mit Kunden sofort abgestellt wird. Ich werde vorerst nicht mehr in Ihrem Hause einkaufen und meinen Bekannten empfehlen, dies ebenfalls nicht zu tun.

Mit freundlichen Grüßen

Verkehrssicherungspflicht/Öffentliche Straßen und Wege

Es ist Aufgabe der Städte und Gemeinden, dafür zu sorgen, daß ein sicheres Begehen und Befahren der öffentlichen Wege und Straßen innerhalb des Gemeinde- bzw. Stadtgebietes möglich ist. Leider kommt es aber immer wieder zu Unfällen, die darauf zurückzuführen sind, daß beispielsweise Fußgänger über zu hoch aufstehende Platten in Fußgängerzonen stolpern und sich deswegen verletzen. Ebenso liest man immer wieder, daß Radfahrer aufgrund tiefer Schlaglöcher stürzen und sich schwer verletzen. Viele derartige Unfälle könnten vermieden werden, wenn die Sicherheit der Straßen und Wege regelmäßig geprüft werden würde. Sollten Sie also beim Begehen öffentlicher Straßen und Wege Stolperfallen ausmachen, sollten Sie nicht länger zögern, sich mit Nachdruck bei der zuständigen Behörde, dem Amt für Sicherheit und Ordnung bzw. dem Straßenbauamt zu beschweren. Sie können dadurch möglicherweise verhindern, daß andere Personen in eine Stolperfalle tapsen und sich erheblich verletzen. Eine Beschwerde könnte wie folgt formuliert werden:

An das Straßenbauamt der Stadt ...

Betrifft: Stolperfalle auf dem Gehweg in der Müllerstr. in ....

Sehr geehrte Damen und Herren,

am gestrigen Tag stolperte ich in der Müllerstraße auf Höhe der Haus-Nr. 37 über eine Bodenplatte, die ca. 3 bis 4 cm über das Bodenniveau herausragte. Glücklicherweise ist mir bei meinem Sturz nichts passiert.
Ich möchte mich aber hiermit ausdrücklich über die mangelnde Verkehrssicherheit auf unseren Straßen und Wegen beschweren. Ich hätte mir bei dem Sturz erhebliche Verletzungen zuziehen können. Der Sturz wäre nicht passiert, wenn Sie Ihrer Verkehrssicherungspflicht in vollem Umfange nachgekommen wären. Zur Vermeidung eines folgenschweren Unfalles fordere ich Sie hiermit auf, unverzüglich dafür zu sorgen, daß die Stolperfalle durch Einebnung der Platte beseitigt wird. Da ich seit dem Sturz Schmerzen im linken Knie verspüre, werde ich noch heute einen Facharzt aufsuchen. Sollte festgestellt werden, daß durch den Sturz doch ein Schaden am Kniegelenk entstanden ist, so behalte ich mir vor, Sie wegen Verstoßes gegen die Verkehrssicherungspflicht und für die erlittene Verletzung haftbar zu machen.

Mit freundlichen Grüßen

Verkehrszeichen

Es überrascht, was Bürger sich alles gefallen lassen. Gerade bei Verkehrszeichen oder Ampelanlagen können oft Bürger, die in unmittelbarer Nähe derartiger Ampelanlagen oder Verkehrszeichen wohnen, viel besser beurteilen, ob diese Verkehrszeichen einen Sinn haben oder nicht. Eine Beschwerde gegen ein unsinniges Verkehrszeichen oder eine Ampelanlage könnte folgendermaßen aussehen:

An die Straßenverkehrsbehörde in ...

Verkehrszeichen an der Straßenkreuzung ...

Sehr geehrte Damen und Herren,

vor einigen Wochen wurde an der vorgenannten Straßenkreuzung eine Ampelanlage aufgestellt. Seitdem die Ampelanlage vorhanden ist, fahren die Autos bei Grün mit erhöhter Geschwindigkeit über die Kreuzung. Jahrelang ist an dieser Kreuzung kein Unfall passiert, seit neuestem aber ereignen sich dort wöchentlich Unfälle. Ich bin der Ansicht, daß diese Ampelanlage fehl am Platze ist und der verantwortliche Sachbearbeiter für die Unfälle zur Verantwortung gezogen werden sollte.
Ich bitte dringend, dienstaufsichtlich und fachaufsichtlich einzuschreiten.

Mit freundlichem Gruß

Verleumdung

Gegen eine Verleumdung kann man sich mit einer Strafanzeige zur Wehr setzen oder mit einer Unterlassungsklage. Besser ist sicherlich eine Beschwerde über die Verleumdung statt eines großen Klageverfahrens, weil dieses immer mit sehr viel Ärger verbunden und der einfache Weg oftmals wirksamer ist. Eine Beschwerde wegen einer Verleumdung könnte folgendermaßen formuliert werden:

Herrn/Frau ...

Falsche Behauptungen am ...

Sehr geehrte(r) Frau/Herr ...,

durch meine Nachbarin erfuhr ich, daß Sie anläßlich eines Einkaufs in dem Lebensmittelladen ... behauptet haben, daß bei mir mehrfach schon der Gerichtsvollzieher war. Hierbei handelt es sich um eine bösartige Verleumdung. Ich möchte Ihnen durch diese Beschwerde die Möglichkeit geben, eine Strafanzeige zu verhindern. Vorbehaltlich, daß ich bis morgen um 12.00 Uhr eine Entschuldigung von Ihnen habe, werde ich in dieser Angelegenheit nichts mehr unternehmen.

Mit freundlichen Grüßen

Versandhandel

Einen großen Umfang machen in unserem Wirtschaftsleben die täglichen Bestellungen aufgrund der Kataloge aus, die Versandhändler an Privatpersonen weitergeben. Die Bestellungen stellen immer ein Risiko dar, insbesondere wenn ein Versandhändler Vorkasse verlangt. Wenn Sie diesbezüglich Probleme haben, können Sie sich an den Bundesverband des Deutschen Versandhandels wenden. Eine Beschwerde würde folgendermaßen aussehen:

An den
Bundesverband des Deutschen Versandhandels e.V.
Johann-Klotz-Str. 12
60528 Frankfurt/Main

Beschwerde über die Firma ... wegen unrichtiger Angaben im Versandprospekt

Sehr geehrte Damen und Herren,

von der Firma ... erhielt ich einen Prospekt zugesandt und bestellte daraufhin ein Radio. Mir wurde mitgeteilt, daß der Bestellung nur entsprochen werden könne, wenn ich den gesamten Betrag als Vorkasse leiste. Dies ist von mir geschehen, wie Sie beiliegender Kopie der Bestellung und der Zahlungsanweisung entnehmen können. Trotz dreier Schreiben (siehe Anlage) habe ich bis heute weder das Radio erhalten noch den Geldbetrag zurückbekommen. Seitens des Versandhauses wurde mir mitgeteilt, daß der Gegenstand im Augenblick vergriffen sei und ich mir ein anderes Produkt aus dem Prospekt aussuchen solle. Ich halte dieses Verhalten für unseriös und bitte, mit aller Deutlichkeit gegen diese Praxis des Versandhändlers einzuschreiten.

Mit freundlichen Grüßen

Versicherung

Mancher Autofahrer, dessen Auto durch einen unverschuldeten Verkehrsunfall beschädigt wurde, wartet oft wochenlang auf die Regulierung des Schadens. Es gibt gerade bei Autounfällen viele Einzelfälle, in denen durch zu langsame Bearbeitung seitens eines Sachbearbeiters der Schaden noch vergrößert wird und der Geschädigte um seine ihm zustehenden Erstattungsansprüche „betteln" muß. Für derartige Fälle empfiehlt sich, das Verhalten des zuständigen Versicherungssachbearbeiters oder das Verhalten des Versicherungsunternehmens beim Bundesaufsichtsamt für das Versicherungswesen überprüfen zu lassen. Eine derartige Beschwerde an das Bundesaufsichtsamt für das Versicherungswesen könnte so formuliert sein:

An das Bundesaufsichtsamt für das Versicherungswesen
Postfach 150180
Ludwig-Kirch-Platz 3
10719 Berlin

Fax: 0 30/8 89 34 94

Verkehrsunfall vom ...
Ihr Versicherungsnehmer ...
Kennzeichen des KFZ des Versicherungsnehmers ...
Schadensnummer ...
Geschädigter und Anspruchsteller ...

Sehr geehrte Damen und Herren,

ich gebe Ihnen einen Vorfall zur Kenntnis und bitte zu überprüfen, ob der zuständige Sachbearbeiter gegen elementare Regeln des Versicherungswesens verstoßen hat: Am ... hatte ich einen Verkehrsunfall. Dies liegt schon über ein halbes Jahr zurück. Der Anspruch wurde von der Gegenseite anerkannt. Mir wurde ein Gesamtabfindungsbetrag auf den Schaden in der Höhe von DM ... angeboten. Ich hatte dieses Angebot angenommen. Dennoch warte ich seit vier Wochen auf das Geld und werde immer wieder von einer Woche zur anderen vertröstet. Die Abwicklung des Schadensersatzanspruches hat die ...-Versicherung übernommen, die auch mit Schreiben vom ... den Schaden dem Grund und der Höhe nach anerkannte. Für die verzögerte Auszahlung gibt es meiner Ansicht nach keine Entschuldigung, so daß ich um ein dringendes Einschreiten bitte.

Mit freundlichen Grüßen

Warenlieferung ohne Bestellung

Aufgrund von Verwechslungen in einem Versandhaus oder aufgrund eines „Scherzes" böser Nachbarn oder anderer kann es vorkommen, daß Ihnen einmal eine Warenlieferung ohne Bestellung zugestellt wird.
Wenn versucht wird, die Ware bei Ihnen abzugeben, so sollten Sie die Annahme verweigern.
Sollten Sie aber nicht persönlich anwesend sein und jemand – beispielsweise ein Nachbar, weil man es so abgesprochen hat – die Lieferung für Sie entgegennehmen, so sollten Sie in keinem Falle die Ware auspacken oder sogar benutzen. Denn sonst könnte es sein, daß Sie die Lieferung durch Ingebrauchnahme anerkennen und auch bezahlen müssen. In jedem Falle sollten Sie sich gleich bei dem Versandhaus melden und sich über die Falschlieferung beschweren. Eine Beschwerde könnte wie folgt formuliert werden:

An das Versandhaus ...

Betrifft: Warenlieferung vom ...

Sehr geehrte Damen und Herren,

am ... wurde mir ein Paket aus Ihrem Hause mit verschiedenen Kleidungsstücken zugestellt. Es handelt sich hier aber um eine echte Falschlieferung. Ich habe zu keinem Zeitpunkt bei Ihrem Versandhaus Waren bestellt. Ich darf Sie bitten, mir zu erklären, wie es zu dieser Falschlieferung gekommen ist. Hat hier jemand in meinem Namen eine Bestellung getätigt, oder handelt es sich um eine Verwechslung?
Die Ware wurde von mir nicht ausgepackt und befindet sich noch in der originalen Verpackung. Ich darf Sie bitten, die Ware innerhalb der nächsten Wochen wieder zurückzuholen.

Mit freundlichen Grüßen

Wartungsverträge/Lange Wartezeiten

Viele Unternehmen bieten gerade im Bereich von Büroeinrichtungen und Kommunikationsmitteln für die Pflege und Wartung der verkauften Geräte sogenannte Wartungsverträge an. Die in diesen Wartungsverträgen angebotene Dienstleistung ist in der Regel ein gutes Verkaufsargument, da beispielsweise der Käufer einer Computeranlage davon ausgeht, daß im Falle einer Funktionsstörung schnelle Abhilfe geschaffen werde. Leider werden in einem derartigen Wartungsvertrag gemachte Versprechungen allzu oft nicht eingehalten. Wenn man wirklich einmal auf schnelle Hilfe angewiesen ist, wird diese Hilfe nicht zeitnah geleistet. Viele Unternehmen wollen dann von der angebotenen Dienstleistung nichts mehr wissen.
Wenn Sie mit einer Firma einen Wartungsvertrag abgeschlossen haben und dieser Wartungsvertrag nicht entsprechend den vertraglichen Vereinbarungen erfüllt wird, so sollten Sie sich hiergegen beschweren. Eine Beschwerde könnte wie folgt formuliert werden:

An die Firma X

Betrifft: Wartungsvertrag vom ...

Sehr geehrte Damen und Herren,

im Frühjahr 19.. habe ich für mein Architekturbüro eine größere Computeranlage bei Ihrer Firma erworben.
Gleichzeitg mit dem Kaufvertrag habe ich auch einen Wartungsvertrag mit Ihrer Firma abgeschlossen.
Leider mußte ich nunmehr feststellen, daß Sie sich nicht an die in dem Wartungsvertrag vereinbarten Regelungen halten. So habe ich am ... bei Ihrer Firma angerufen und mitgeteilt, daß die Computeranlage aufgrund eines mir nicht erklärbaren Grundes nicht mehr arbeitet. Gleichzeitig habe ich darauf hingewiesen, daß die Computeranlage innerhalb von fünf Stunden wieder laufen müßte, da ich einen sehr wichtigen Auftrag zu Ende bringen muß. Im Vertrauen auf die Regelung Zi. 3 Abs. 2 des Wartungsvertrages, in der geregelt ist, daß bei technischen Ausfällen innerhalb 2 Stunden ein Mitarbeiter Ihrer Firma vor Ort ist, um den Schaden zu reparieren, habe ich auf Abhilfe gewartet.
Leider kam Ihr Mitarbeiter erst nach zwei weiteren Anrufen zwei Tage später. Der Schaden wurde zwar behoben, aber möglicherweise bekomme ich Schwierigkeiten, da ich meinen Auftrag nicht mehr fristgerecht erfüllen konnte. Ich möchte mich daher über die Art und Weise, wie Ihrerseits der Wartungsvertrag erfüllt wird, beschweren. Es kann nicht angehen, daß

Sie einerseits vertraglich eine Hilfe innerhalb von 2 Stunden nach Meldung des Schadensfalles zusagen und auf der anderen Seite diese Vereinbarung vollkommen ignorieren und dann erscheinen, wenn es Ihnen gerade paßt. Für den Wiederholungsfall drohe ich bereits jetzt die fristlose Kündigung des Wartungsvertrages an. Weiter behalte ich mir die Geltendmachung von Schadensersatzansprüchen vor. Ich hoffe, daß derartige Schreiben zukünftig nicht mehr notwendig sein werden.

Mit freundlichen Grüßen

Werbung per Telefax

Einige Unternehmen haben das Telefax als interessantes Werbemittel entdeckt. Zum einen ist das Versenden eines Telefaxes kostengünstig, zum anderen wandert ein Telefax meist nicht sofort in den Papierkorb, sondern wird regelmäßig erst gelesen.
Die Zusendung von Werbung über Telefax kann jedoch im extremen Maß lästig sein, da durch die ungewollte Werbesendung das Telefaxgerät für andere wichtige Vorgänge blockiert ist und darüber hinaus auch noch Papier verschwendet wird. Sie brauchen sich eine Werbung über Telefax nicht gefallen zu lassen. Sie können sich hiergegen sofort bei der Firma beschweren, die das Telefax versandt hat. Ein Beschwerdeschreiben könnte wie folgt formuliert werden:

An die Firma X

Betrifft: Werbung für Ihren Staubsauger per Telefax

Sehr geehrte Damen und Herren,

am ... erhielten wir per Telefax von Ihrem Unternehmen eine Werbeseite, in der Sie in reißerischer Art und Weise für den Kauf eines hochwertigen Staubsaugers werben.
Ich möchte mich darüber beschweren, daß Sie mir unaufgefordert per Telefax diese Werbung zugesandt haben. Ich habe an derartigen Produkten überhaupt kein Interesse. Darüber hinaus habe ich kein Verständnis dafür, daß Sie mir mit dieser Art und Weise der Werbung mein Telefax, das ich für wichtigere Dinge benötige, blockieren.
Ich fordere Sie auf, zukünftig die Zusendung derartiger Werbeschreiben per Telefax zu unterlassen.
In einem Wiederholungsfall kündige ich bereits jetzt die Einleitung gerichtlicher Schritte, gerichtet auf Unterlassung derartiger Werbemaßnahmen, an.

Mit vorzüglicher Hochachtung

Werkvertrag

Nach § 633 BGB muß der Unternehmer in einem Werkvertrag das Werk so herstellen, daß die zugesicherten Eigenschaften vorhanden sind und das Werk nicht mit Fehlern behaftet ist. Eine Beschwerde über eine diesbezügliche rechtswidrige Handlungsweise eines Auftragnehmers formulieren wir wie folgt:

An die Autofirma ...

Beschwerde über die Reparatur meines Pkw ...

Sehr geehrte Damen und Herren,

ich habe den vorgenannten Pkw bei Ihnen in der Woche vom 1. bis 7. Juli 19.. zur Reparatur gehabt. Als das Fahrzeug von mir abgeholt wurde, war es in einem noch schlechteren Zustand als vor der Reparatur. In der Anlage erhalten Sie Kopien der Rechnungen und der Unterlagen. Folgende Mängel oder Fehler hat das Fahrzeug, die vorher nicht bestanden:
(Aufzählung)
Ich möchte mich darüber beschweren, daß ich das Fahrzeug in diesem Zustand zurückbekam. In der Anlage erhalten Sie auch eine Mängelliste. Ich denke nicht daran, den Preis für die Reparatur zu bezahlen, da Sie nicht fehlerfrei gearbeitet haben.

Mit freundlichem Gruß

(siehe auch Nachbesserung)

Wirtschaftsprüfer

Über die Tätigkeit eines Wirtschaftsprüfers können Sie sich genauso beschweren wie über die Tätigkeit eines Anwalts oder eines Steuerberaters. Auch die Wirtschaftsprüfer unterliegen bezüglich ihrer Gebühren einer Gebührenverordnung und haben ein bestimmtes Berufsbild, das gesetzlich festgelegt ist. Eine Beschwerde könnte folgendermaßen aussehen:

An die Wirtschaftsprüferkammer
Tersteegenstr. 14
40474 Düsseldorf

Wirtschaftsprüfer Herr Dr. ...

Sehr geehrte Damen und Herren,

ich möchte mich über den vorgenannten Wirtschaftsprüfer beschweren. Er ist in beiliegendem Prospekt über ein Bauherrenmodell als Wirtschaftsprüfer namentlich erwähnt worden. Abgesehen davon, daß er dadurch gegen das Werbeverbot verstoßen hat, bringt seine Aussage auch den Verbraucher so weit zu glauben, daß vorgenannte Objekte verkäuflich seien, obwohl das gesamte Rechenbeispiel, das dem Prospekt zugrunde liegt, finanziell nicht tragbar ist. Damit hier kein größerer Schaden eintritt, bitte ich, schnellstens einzuschreiten.

Mit freundlichen Grüßen

Wohnung/Zustand

Wenn Ihre Wohnung unbewohnbar ist, können Sie sich an das zuständige Amt in der Gemeinde wenden. Der Gemeinde obliegt die Wohnungsaufsicht. Gegebenenfalls kann der Zustand einer Wohnung ein Verstoß gegen das Baugesetzbuch und eine Zweckentfremdung sein, wenn der Vermieter die Mißstände absichtlich herbeigeführt hat. Eine Beschwerde könnte folgendermaßen aussehen:

An die Gemeinde ...

Wohnungsaufsicht über die Wohnung ...

Sehr geehrte Damen und Herren,

mit Mietvertrag vom 03. Mai 19.. haben wir vorgenannte Wohnung gemietet. Den Mietvertrag senden wir Ihnen in Kopie zu. Wir beantragen, die Wohnung sofort zu kontrollieren, da wir der Ansicht sind, daß die im Keller liegende Wohnung überhaupt nicht als solche genehmigt ist. Der ganze Zustand der Wohnung ist stark gesundheitsgefährdend. Wir bitten, hier wohnungsaufsichtlich einzuschreiten und zu überprüfen, ob die Wohnung überhaupt weiterhin als Wohnung benutzt werden darf.

Hochachtungsvoll

Wohnung/Zweckentfremdung

In manchen Gemeinden darf Wohnraum nicht als Gewerberaum zweckentfremdet werden. Das Verbot der Zweckentfremdung erlaubt den Landesregierungen, für Gemeinden, in denen die Versorgung der Bevölkerung mit ausreichendem Wohnraum zu angemessenen Bedingungen besonders gefährdet ist, durch Rechtsverordnung zu bestimmen, daß Wohnraum nur mit Genehmigung der von der Landesregierung bestimmten Stelle entfremdeten Zwecken zugeführt werden darf. Eine Beschwerde würde folgendermaßen aussehen:

An die Landeshauptstadt München
Abteilung Wohnungsamt

Vermietung der Wohnung an Herrn ... im Haus ...

Sehr geehrte Damen und Herren,

ich bin im vorgenannten Haus Mieter. Die Wohnung über mir ist seit neuestem an eine Schneiderwerkstatt vermietet worden, aus der tagtäglich erheblicher Lärm dröhnt. Ich weiß, daß das ganze Haus als Wohnhaus deklariert und daß die Zweckentfremdung zur gewerblichen Nutzung in München nicht erlaubt ist. Ich möchte mich über die Zweckentfremdung beschweren und bitte um sofortiges Einschreiten.

Mit freundlichen Grüßen

Wohnungseigentum

In Wohnungseigentumsanlagen kommt es häufig vor, daß Wohnungseigentümer zwischen Gemeinschafts- und Sondereigentum nicht unterscheiden. Sondereigentum ist der Bereich der Wohnung, die dem Eigentümer zur ausschließlichen Nutzung übergeben wurde. Oftmals versuchen gerade Wohnungseigentümer im Erdgeschoß, sich durch Überbau und Bepflanzung Gartenflächen anzueignen. Sie können sich diesbezüglich bei der Hausverwaltung beschweren, die hierfür verantwortlich ist. Eine Beschwerde würde folgendermaßen aussehen:

An die Hausverwaltung ...

Eigentumswohnung Anlage ...
Wohnungseigentümer ...

Sehr geehrte Damen und Herren,

ich bin Eigentümer einer Wohnung im 3. Stock der vorgenannten Anlage. Ich habe feststellen müssen, daß der Eigentümer der Erdgeschoßwohnung immer mehr Fläche des Gartens einzäunt und bepflanzt. Ich bin nicht damit einverstanden, daß hier Sondereigentum geschaffen und in das Gemeinschaftseigentum eingegriffen wird. Ich bitte Sie dringend, bis zur nächsten Eigentümerversammlung dafür zu sorgen, daß die Beeinträchtigung des Gemeinschaftseigentums eingestellt wird.

Mit freundlichen Grüßen

Wohnungseigentum/Beschluß

Jeder Wohnungseigentümer kann gegen Beschlüsse der Eigentümergemeinschaft Beschwerde einlegen. Die Beschwerde muß innerhalb eines Monats beim zuständigen Amtsgericht eingereicht werden. Die Frist läuft ab der Eigentümerversammlung und nicht ab Zustellung des Protokolls, was vielfach übersehen wird. Die Beschwerde würde folgendermaßen zu verfassen sein:

An das Amtsgericht ...

Wohnungseigentümerversammlung ...
Beschluß vom ...

Sehr geehrte Damen und Herren,

ich bin Wohnungseigentümer vorgenannter Anlage. Am 03.07.19.. haben die Wohnungseigentümer folgenden Beschluß gefaßt: ...
Die Beschlußfassung über diesen Antrag war nicht rechtens, weil dadurch in Sondereigentum eingegriffen wurde. Ich beantrage, im Rahmen der hier vorgetragenen Beschwerde den Beschluß aufzuheben.

Hochachtungsvoll

Wohnungseigentum/Wirtschaftsplan

Nach § 28 des Wohnungseigentumsgesetzes hat der Verwalter jeweils für ein Kalenderjahr einen Wirtschaftsplan aufzustellen. Sie sind nicht verpflichtet, derartige Wirtschaftspläne zu akzeptieren. Wenn Sie einzelnen Positionen nicht zustimmen wollen, beschweren Sie sich über diese. Eine Beschwerde würde folgendennaßen aussehen:

An die Hausverwaltung ...

Wohnanlage ...

Sehr geehrte Damen und Herren,

Sie haben uns gem. § 28 des Wohnungseigentumsgesetzes den Wirtschaftsplan für die vorgenannte Anlage zugesandt. Der Wirtschaftsplan ist inhaltlich unrichtig, weil folgende Positionen enthalten sind, die meiner Ansicht nach im kommenden Jahr nicht anfallen werden: ...
Ich bitte, bis zur nächsten Eigentümerversammlung die Positionen entweder genau zu begründen oder ersatzlos zu streichen.

Mit freundlichem Gruß

Zahnarzt

Sind Sie der Meinung, daß Ihr Zahnarzt gewisse Grundregeln und Gesetze verletzt hat, so können Sie sich in zweifacher Hinsicht mit einer Beschwerde zur Wehr setzen. Sie können die Beschwerde entweder gegen das persönliche Verhalten des Arztes richten oder auch gegen sein fachliches Verhalten, wie z.B. eine fehlerhafte Gebührenabrechnung oder fehlerhafte Behandlung. Eine Beschwerde könnte wie folgt formuliert werden:

An die Bundeszahnärztekammer

Betrifft: Beschwerde gegen Herrn Dr. ... in ...

Sehr geehrte Damen und Herren,

hiermit möchte ich mich über das Verhalten von Herrn Zahnarzt Dr. ... beschweren.
Anfang Februar 19.. begab ich mich zur zahnärztlichen Routineuntersuchung zu Herrn Zahnarzt Dr. ... in Behandlung. Herr Dr. ... wies mich darauf hin, daß dringend einige Dinge erledigt werden müßten, damit meine Zähne vor weiterreichenden Schäden geschützt seien. Herr Dr. ... begann schließlich mit einer umfangreichen Behandlung. Es folgten noch zwei weitere Termine Ende Februar.
Ende März 19.. erhielt ich als privatversicherter Patient die Abrechnung des Herrn Dr. ...
Ich war sehr überrascht, als ich feststellte, daß der Preis für die Behandlung bei etwa 6.000,- DM lag. Ich begab mich daraufhin zu einem anderen Zahnarzt und zeigte ihm die Rechnung sowie die von Herrn Dr. ... behandelten Zähne. Dieser Zahnarzt wies darauf hin, daß die Abrechnung fehlerhaft sei und daß Dinge verrechnet worden seien, die tatsächlich nicht durchgeführt wurden. Ich sehe in dem Verhalten des Zahnarztes Dr. ... einen klaren Verstoß gegen die ärztliche Gebührenordnung. Weiter teilte mir der Kollege des Herrn Dr. ... mit, daß die von Herrn Dr. ... angesetzten Hebesätze für die Berechnung der Gebühren falsch seien. Ich bitte Sie deshalb, diesbezüglich Ermittlungen anzustellen.

Mit freundlichen Grüßen

Zeitungshändler/Jugendgefährdende Schriften

Wenn der Zeitungshändler jugendgefährdende Schriften ausstellt und an Jugendliche verkauft, verstößt er gegen das Gesetz über die Verbreitung jugendgefährdender Schriften. Sie können sich entweder an die zuständige Kreisverwaltungsbehörde oder an die Bundesprüfstelle für jugendgefährdende Schriften mit einer Beschwerde wenden. Eine diesbezügliche Beschwerde würde folgendermaßen aussehen:

An die Stadtverwaltung ...
Kreisverwaltungsbehörde/Gewerbeaufsichtsamt

Sehr geehrte Damen und Herren,

bei meinen Besuchen in dem Ladengeschäft ... in ... muß ich immer wieder feststellen, daß dort pornographische Literatur ausgestellt und an Jugendliche verkauft wird. Ich glaube, daß hier ein Verstoß gegen § 3 des Gesetzes über jugendgefährdende Schriften vorliegt, und möchte mich über das Verhalten des Zeitschriftenhändlers beschweren.

Mit freundlichen Grüßen

Zeitungszustellung/ständige Verspätung

Obwohl die meisten Verträge der großen deutschen Tageszeitungen sehr genau darauf achten, daß die jeweilige Tageszeitung rechtzeitig am Morgen zugestellt wird, kommt es häufig vor, daß man die Zeitung erst in den späten Vormittagsstunden oder gar nicht erhält. Dies ist um so ärgerlicher, als man gerade morgens zur Zeitung greifen will, um sich sofort zu informieren.
Sollten Sie feststellen, daß Ihre Tageszeitung ständig zu spät zugestellt wird, so sollten Sie sich unbedingt hierüber bei Ihrem Zeitungsverlag beschweren, damit hier das Austragen der Zeitungen besser organisiert wird. Bevor Sie sich aber schriftlich beschweren, ist es empfehlenswert, sich vorher zu erkundigen, wer für den jeweiligen Wohnbezirk als Zeitungsausträger zuständig ist. Man könnte sich nämlich dann auch noch zusätzlich beim Zeitungsausträger direkt beschweren. Eine Beschwerde könnte wie folgt formuliert werden:

An das Verlagshaus ...

Betrifft: Ständig verspätete Zustellung der Tageszeitung XY

Sehr geehrte Damen und Herren,

seit fast 3 Jahren bin ich Abonnent der Tageszeitung XY aus Ihrem Verlag.
Bislang wurde mir die abonnierte Tageszeitung täglich gegen 6.00 Uhr von Ihrem Zeitungsausträger zugestellt. Seit nunmehr fast 2 Wochen muß ich aber feststellen, daß die Zeitung nicht vor 10.00 Uhr in den Briefkasten gesteckt wird. Aus diesem Grunde möchte ich mich mit Nachdruck über die verspätete Zustellung beschweren.
Als Bankangestellter bin ich auf die tägliche Lektüre der Tageszeitung angewiesen. Da ich bereits gegen 8.00 Uhr morgens das Haus verlassen muß und bis dahin meist die Zeitung gelesen habe, möchte ich auch weiterhin, daß die Zeitung wie bisher um 6.00 Uhr morgens zugestellt wird.
Bitte weisen Sie Ihren Zeitungsträger an, daß die Zustellung zukünftig wieder pünktlich erfolgt.
Sollten sich jedoch die Zustände nicht verbessern, so wäre für mich das bestehende Abonnement nicht mehr interessant, und ich würde in diesem Falle die Kündigung des Abonnements erwägen. Ich gehe davon aus, daß Sie Abhilfe schaffen werden.

Mit freundlichen Grüßen

Zeugenentschädigung

Gegen die Festsetzung von Zeugengebühren, die Sie für zu niedrig halten, können Sie sich bei Gericht beschweren. Hierfür gibt es sogar eine gesetzliche Grundlage, nämlich § 16 des Gesetzes über die Entschädigung von Zeugen und Sachverständigen. Eine Beschwerde würde folgendermaßen aussehen:

An das Amtsgericht ...

Festsetzung von Zeugengebühren

Sehr geehrte Damen und Herren,

beiliegend sende ich Ihnen eine Kopie des Festsetzungsbescheides zu. Ich bin nicht damit einverstanden, daß mir bei meinen Zeugengebühren die Flugreisen nicht erstattet werden. Ich hatte aus zeitlichen Gründen nicht die Möglichkeit, mit der Bahn anzureisen. Zudem wäre ich mindestens 14 Stunden unterwegs gewesen. Ich bin der Ansicht, daß ich aufgrund meiner beruflichen Belastung als ... keinesfalls eine Fahrtzeit wie oben angegeben in Kauf nehmen mußte. Ich beantrage daher, den Beschluß aufzuheben und mir die Flugkosten zu erstatten.

Mit freundlichen Grüßen

Zugabeverordnung

Nach der Verordnung zum Schutze der Wirtschaft (Zugabeverordnung) von 1932 ist es verboten, im geschäftlichen Verkehr neben einer Ware oder Leistung eine Zugabe (Ware oder Leistung) anzubieten, anzukündigen oder zu gewähren. Unter Zugabe versteht man nicht Reklamegegenstände von geringem Wert, sondern reellen Vermögensvorteil. Wenn Sie sich als Mitkonkurrent über eine derartige Verletzung der Zugabeverordnung beschweren wollen, sieht eine Beschwerde folgendermaßen aus:

An das Gewerbeaufsichtsamt der Stadt ...

Sehr geehrte Damen und Herren,

ich bitte, gegen die Firma Buchhaus ... einzuschreiten. Diese Firma gibt als Zugabe für jedes verkaufte Buch ein Buch kostenlos. Hier liegt ein eindeutiger Verstoß gegen die Zugabeverordnung vor. Ich bitte, meine Beschwerde entsprechend schnell zu behandeln, weil die Firma durch ihre Zugaben einen unerhörten Konkurrenzvorteil erhält.

Mit freundlichem Gruß

Zwangsversteigerung/Verkehrswertfestsetzung

Als Miteigentümer eines Grundstücks, sei es nun aufgrund einer Grundstücksgemeinschaft oder aufgrund einer Erbengemeinschaft, sind Sie grundsätzlich berechtigt, falls die anderen Miteigentümer einem Verkauf nicht zustimmen, die Zwangsversteigerung des Grundstückes beim zuständigen Vollstreckungsgericht (Amtsgericht) zu beantragen. Bevor die Versteigerung durchgeführt wird, muß ein Verkehrswertgutachten über das Grundstück eingeholt werden. Da die Feststellungen des Gutachtens von entscheidender Bedeutung für den Ausgang des Versteigerungsverfahrens im Hinblick auf den Versteigerungserlös sind, sollten Sie tunlichst darauf achten, daß das Verkehrswertgutachten im Ergebnis zu einem hohen Grundstückswert kommt. Falls Sie der Auffassung sind, daß der mit der Verkehrswertermittlung beauftragte Sachverständige zu einer fehlerhaften Einschätzung des Verkehrswertes gekommen ist, so sollten Sie sich unverzüglich hierüber beschweren. Eine Beschwerde könnte wie folgt formuliert werden:

An das Amtsgericht in ...
Abt. Vollstreckungsgericht

Betrifft: Zwangsversteigerung Sache zwischen X gegen Y, Az.:....

Sehr geehrte Damen und Herren,

in der vorbezeichneten Angelegenheit beschwere ich mich über den Verkehrswertbeschluß vom ... . Ich beantrage, den Verkehrswertbeschluß aufzuheben und den Verkehrswert auf mindestens DM .... festzusetzen. Das Sachverständigengutachten vom ..., auf dem der Verkehrswertbeschluß beruht, ist fehlerhaft. Der Sachverständige hat bei der Berechnung des Ertragswertes übersehen, daß die Mieten in den letzten zwei Jahren durch Neuvermietung und Mieterhöhungen um durchschnittlich 18 % gesteigert werden konnten. Der Sachverständige ist daher bei der Ertragswertberechnung, die er als maßgeblich für die Verkehrswertfestsetzung herangezogen hat, von falschen Vorgaben ausgegangen. Unter Zugrundelegung der neuen Mietsituation wäre daher der Verkehrswert auf mindestens DM ... festzusetzen.

Mit freundlichen Grüßen

Register

Notizen

Schmerzen – oft sind sie lebensrettende Warnsignale, manchmal aber auch sinnlose Höllenqualen. Der bekannte Heilpraktiker Manfred Backhaus plädiert für eine sanfte, biologische Schmerz-Therapie. Mit wertvollen Tips aus der Naturheilkunde ist sein Buch medizinischer Ratgeber und Lebenshilfe zugleich.

Manfred Backhaus
Natürlich schmerzfrei
Sanfte Naturheilmethoden für ein
Leben ohne Beschwerden

252 Seiten, Hardcover
DM 14,80/öS 108,-/sfr 14,80
ISBN 3-8118-1312-9

rat & wissen aktuell
LEBENSHILFE
Philip M. Chancellor
DAS GROSSE HANDBUCH DER
BACH-BLÜTEN
VOM BACH CENTRE
EMPFOHLEN
MOEWIG